CATALOGUE

DES INSECTES COLÉOPTÈRES

DES ENVIRONS DE METZ.

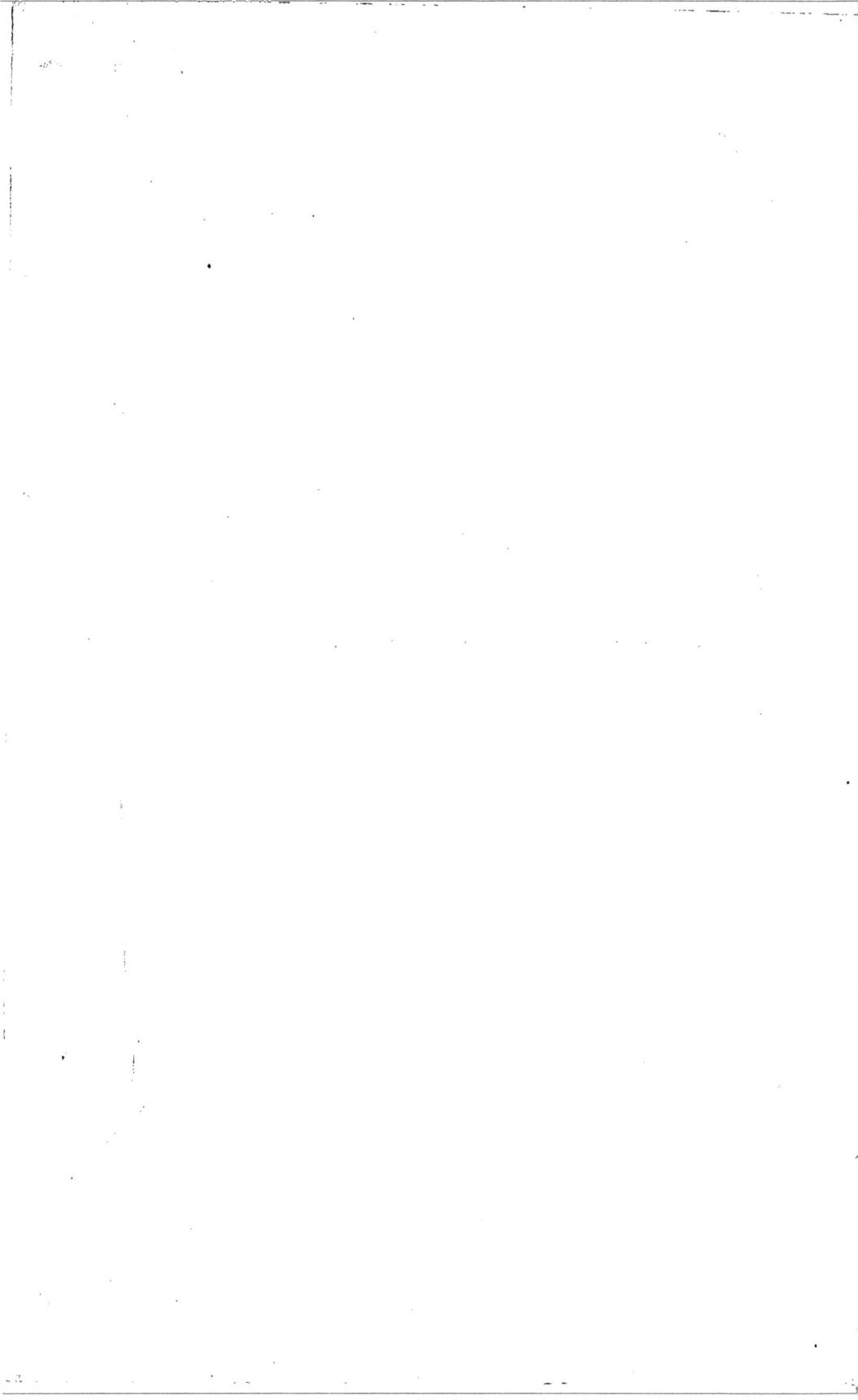

CATALOGUE

DES

INSECTES COLÉOPTÈRES

DES ENVIRONS DE METZ,

PAR FOURNEL, PROFESSEUR D'HISTOIRE NATURELLE,

ET GÉHIN, PHARMACIEN.

(*Extrait du* Bulletin de la Société d'histoire naturelle du département de la Moselle.)

METZ,

IMPRIMERIE, LIBRAIRIE ET LITHOGRAPHIE DE VERRONNAIS.

RUE DES JARDINS, 14.

—

1846.

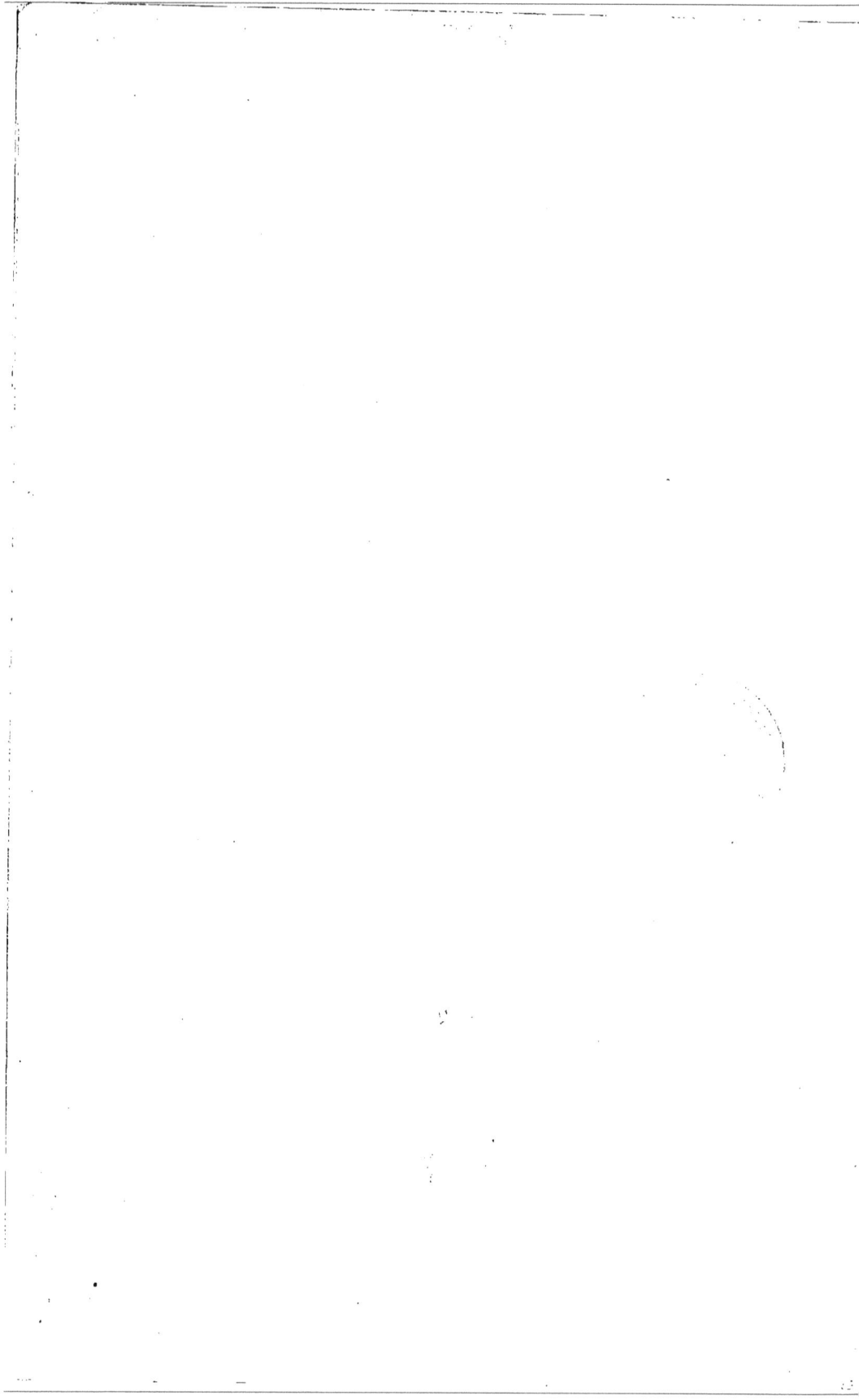

Introduction.

Le catalogue que nous soumettons à l'appréciation des entomologistes et des naturalistes de notre pays en particulier,
contient l'énumération des Coléoptères observés jusqu'à ce
jour, non seulement dans les alentours de Metz, mais encore
dans la plupart des autres portions du département de la
Moselle, et dans les parties avoisinantes des départements de
la Meurthe, de la Meuse et de la province de Luxembourg.

En prenant Metz pour point central de nos observations,
on voit que nous embrassons une assez vaste étendue de ter-
rain. Cette circonscription est déterminée par la nature du sol
et de la végétation qui se rattachent à la fois au système des
Vosges et au système du Jura; tous deux, en effet, viennent
aboutir au bassin de la Moselle, et former ainsi une région
naturelle, dans laquelle on peut distinguer tous les modes de
station propres aux insectes qui nous occupent.

Sous le point de vue de l'habitation, la région que nous embrassons dans notre travail n'offre rien de remarquable ; ce qui est dû au peu d'élévation des côteaux dont les points culminants les plus élevés ne dépassent pas 4 à 500 mètres ; la température étant à peu près la même partout, les formes sont peu variables ; aussi les genres sont-ils ceux que l'on rencontre dans toutes les parties du nord-est de la France.

Sous le rapport des espèces, cette règle est la même ; mais, ainsi qu'on le verra en consultant ce catalogue, elle souffre de nombreuses exceptions. Le département de la Meurthe et, par suite, la portion du département de la Moselle qui l'avoisine, offrent plusieurs espèces méridionales qui ont pénétré jusque dans le bassin de la Moselle. Des faits analogues se remarquent dans le département de la Meuse. D'un autre côté, des espèces que l'on est habitué à rencontrer en Allemagne et jusqu'en Suède, se trouvent aussi dans notre pays, où elles suivent les diverses ramifications qui les rattachent au système géologique des Vosges : Bitche et Phalsbourg sont surtout dans ce cas. Notre région n'offre donc rien qui puisse la caractériser d'une manière spéciale, puisqu'elle n'a rien qui lui soit propre ; cependant elle est curieuse à connaître par les passages nombreux qu'elle établit entre la Faune de la France et celle de l'Allemagne ; c'est, en un mot, une *Faune de transition*.

Quant aux stations, elles sont très-variables ; pour les déterminer avec précision, il faudrait avoir une connaissance intime des mœurs des insectes ; mais la localité dans laquelle chaque espèce a coutume de vivre n'est pas toujours celle dans laquelle on la rencontre et, généralement, on ne cite que cette dernière ; ceci s'applique surtout aux insectes vagabonds qui, comme les carnassiers, s'écartent souvent de leur station propre. L'indication est peut-être plus facile lorsqu'il s'agit d'insectes phytophages; elle n'est réellement exacte que pour ceux qui vivent dans les excréments, ou les coprophages. Malgré ces difficultés, nous avons cherché à déterminer la station de chaque espèce, en indiquant non pas le lieu où l'insecte a été trouvé, souvent par hasard, mais la *véritable station*, celle qui se rattache à sa manière de vivre. Nous ne faisons exception à cette règle que pour les espèces qui n'ont encore été recueillis que dans une seule localité et très-rarement. C'est principalement sur ce point que nous appelons l'attention des entomologistes de notre pays : nous les prions de vouloir bien corriger nos erreurs.

Nous sommes loin de considérer ce catalogue comme représentant la statistique complète des Coléoptères des environs de Metz. Nous croyons, au contraire, qu'il reste beaucoup à faire; nous appelons surtout l'attention des collecteurs sur les petites espèces de toutes les familles. C'est là notre partie la plus faible.

Quant à la nomenclature, nous avons suivi la plupart des auteurs qui se sont occupés de monographies; classant les *Carabiques* d'après Dejean, les *Hydrocanthares* d'après M. Aubé, mais en conservant les anciens genres; les *Brachélytres* d'après M. Erichson, les *Palpicornes*, les *Lamellicornes*, les *Longicornes*, d'après M. Mulsant; les *Rhinchophores* d'après M. Schœnher, etc.; en un mot, nous avons adopté l'ensemble de ces diverses classifications, sauf quelques modifications de détail nécessitées par les observations nouvelles et postérieures. C'est ainsi que nous avons fait usage du travail de M. Schaum sur les *Mélitophiles*, et de celui de M. Aubé sur les *Psélaphiens*, etc. Toutes

les fois que nous n'avons pu trouver un guide dans les mono-
graphes, nous avons adopté la nomenclature du catalogue
de Dejean.

Outre les observations qui sont propres à chacun de nous,
nous devons beaucoup au zèle de nos amis et de nos hono-
rables confrères de la Société d'histoire naturelle, MM. Ho-
landre, Lasaulce, Rouge, Rodolphe, Vesco et Clercx.

M. Carré, ancien major du génie, dont nous regrettons
vivement la perte, a long-temps exploré nos environs, où il
avait découvert plusieurs espèces rares; nous n'avons pu pro-
fiter de ses recherches, sa collection n'existant plus lorsque
nous avons commencé la rédaction de notre travail.

Un de nos amis les plus chers, Jules Fremy, mort en Afri-
que, à la suite de l'expédition du général Changarnier en
1842, a remis à l'un de nous, au moment de son départ de
Metz, un *Catalogue manuscrit des insectes colligés aux environs de Metz et d'Étain*, pendant les années 1835, 36 et
37. Ce travail précieux comprend tous les ordres des insectes;
il nous a été très-utile par l'exactitude des indications qu'il
renferme.

M. Lasaulce nous a donné un autre manuscrit ayant
pour titre : *Catalogue des insectes que j'ai observés dans le
département de la Moselle*. L'auteur (M. Lasaulce) a beaucoup exploré les environs de Sarreguemines.

Notre collègue, M. Lucas, professeur d'histoire naturelle,
à Verdun, nous a communiqué une *Faune manuscrite de la
Meuse*, dans laquelle nous avons puisé de bons renseignements.

Nous devons encore à M. Lucas uu *Catalogue des Coléoptères trouvés à Verdun et dans les environs par M. Lie-
nard,* qu'il a rédigé sur la collection de cet amateur.

Parmi les ouvrages imprimés, nous ne pouvons citer que la
deuxième partie de la *Faune de la Moselle,* laquelle ne comprend que les *Pentamères* jusqu'aux *Lamellicornes* exclusi-
vement, et le catalogue des *Coléoptères du département de
la Meurthe,* par M. Mathieu, professeur d'histoire naturelle
à l'école royale forestière de Nancy. Ce catalogue fait partie
de la statistique de la Meurthe (page 240). Il est le résultat
des recherches de ce professeur, surtout aux environs de
Nancy et sur la limite orientale de ce département. C'est d'après
lui que nous avons mentionné plusieurs espèces qui rentrent
dans le cercle de notre région. M. Mathieu possède surtout
une très-belle suite de *Xylophages.*

M. Leprieur, en ce moment à Metz, nous a fait connaître
plusieurs espèces recueillies par lui dans les environs de Dieuze.
L'analogie qui existe entre les marais salants des bords de la
Seille et ceux de Forbach et de Sarralbe, doit nous engager
à explorer avec plus d'attention les localités de notre département dans lesquelles, en raison de la nature du sol imprégné
d'eau salée, on rencontre des plantes marines; ces localités
nourrissent aussi des insectes des bords de la mer. Déjà nous
pouvons signaler la présence du *Pogonus luridipennis.*

Nous devons remercier particulièrement M. Gaubil, officier
au 17.e léger; cet entomologiste, possesseur d'une superbe
collection de Coléoptères européens, nous a mis à même
de comparer un grand nombre d'espèces douteuses avec les
types qu'il possède; beaucoup ont été déterminées par lui.
Malheureusement pour la science, il n'est resté que peu de

temps avec nous; il explore en ce moment les environs de Bitche, et nous espérons que ses recherches enrichiront ce catalogue d'un grand nombre de petites espèces qu'il connaît si bien. Nous prions **M. Gaubil** d'agréer ici l'expression de notre reconnaissance.

Enfin, pour compléter la liste des personnes qui nous ont fourni des matériaux, nous mentionnerons spécialement parmi les élèves de **M. Fournel**, **MM. Rodolphe**, **Joba**, **Puel**, **Aubertin**, **Pécheur** et **Guépratte**; ces jeunes amateurs se sont livrés avec ardeur à l'étude de l'entomologie: nous leur devons la découverte et la communication de plusieurs espèces rares ou intéressantes.

COLÉOPTÈRES DES ENVIRONS DE METZ.

CARABIQUES.

CICINDELIDÆ.

CICINDELA. *Linné.*

Campestris. *Linn.*	Commune.
Hybrida. *Fab.*	Lieux sablonneux. A. C.
Riparia. *Meg.*	Sables de la Moselle.
Sylvatica. *Fab.*	Coteaux arides. Rare.
Germanica. *Fab.*	Champs cultivés.

BRACHINIDÆ.

ODACANTHA *Fabricius.* [végétaux. T.R.]
Melanura. *Linn.* Lieux humides sous les débris
DRYPTA. *Fabricius.*
Emarginata. *Oliv.* Bois hum. sous les pierres. R.
POLISTICHUS. *Bonelli.* [les eaux. R.]
Fasciolatus. *Fab.* Sous les débris rejetés par
CYMINDIS. *Latreille.*
Humeralis. *Payk.* Sous les pierres. Assez rare.
Miliaris. *Fab.* Très-rare.
DEMETRIAS. *Bonelli.*

(Atricapillus. *Linn.*	Sous les écorces.
(var. *guttatus.*	*Id.*
Elongatulus. *Zenk.*	*Id.* Assez rare.
Unipunctatus. *Creutz.*	*Id.* Rare.

DROMIUS. *Bonelli.*
Linearis. *Oliv.* *Id.* Assez rare.

Melanocephalus. *Dej.*	Sous l'écorce des pommiers.
Quadrisignatus. *Dej.*	Sous les écorces. Rare.
Bifasciatus. *Perr.*	*Id.* Très-rare.
Quadrinotatus. *Panz.*	Assez commun.
Quadrimaculatus. *Fab.*	Dans les vieux saules.
Agilis. *Fab.*	Commun.
var. *fenestratus. Dej.*	Assez commun.
Glabratus. *Duftsch.*	Sous les pierres. Rare.
Spilotus. *Ziegl.*	Assez commun.
var. *obsoletus? Dej.*	Assez rare.
Punctatellus. *Duftsch.*	Sous les pierres.
Truncatellus. *Fab.*	Sous les écorces.
Quadrillum. *Duftsch.*	Sous les pierres. Rare.

LEBIA. *Latreille.*

Cyanocephala. *Linn.*	Assez commune.
Chlorocephala. *Duftsch.*	Assez rare.
Crux minor. *Linn.*	Sous les pierres.
Hæmorrhoidalis. *Fab.*	Sur les fougères. Rare.

BRACHINUS. *Weber.*

Crepitans. *Linn.*	Lieux secs et élevés.
Explodens. *Duftsch.*	*Id.* Assez rare.
Sclopeta. *Fab.*	Dans les champs.

SCARITIDÆ.

CLIVINA. *Latreille.*

Arenaria. *Fab.*	Bords de la Moselle.
var. *collaris. Herbst.*	*Id.* Très-commune.
var. *discipennis. Meg.*	*Id.* Commune.
var. *sanguinea. Leach.*	*Id.* Assez commune.
Nitida. *Dej.*	Metz. Très-rare. Vosges.
Ænea. *Ziegl.*	*Id.* *Id.*
Polita. *Dej.*	*Id.*

Punctata. *Dej*. Metz. Très-rare.

Gibba. *Linn*. Dans les bois sur les bords
  des mares. Rare.

CARABIDÆ.

CYCHRUS. *Fabricius*.

  Rostratus. *Linn*. Bois de Briey. Très-rare.

  Attenuatus. *Linn*. Rare. Vosges.

PROCRUSTES. *Bonelli*.

  Coriaceus. *Linn*. Coteaux, dans les vignes.

CARABUS. *Linné*.

  Catenulatus. *Fab*. Rare. Vosges.

  Monilis. *Linn*. Lieux humides et sablonn.

    var. *consitus. Panz*. *Id*.

  Arvensis. *Fab*. Bitche. Vosges; très-comm.

  Cancellatus. *Illig*. Prairies humides. A. C.

    var. *tuberculatus. Meg*. *Id*.

    var. *excisus. Meg*. *Id*.

  Granulatus. *Linn*. Prés et champs.

  Auratus. *Linn*. Champs et jardins. Commun

    var. *piceus*. *Id*.

  Auronitens. *Fab*. Dans les bois. Rare.

  Purpurascens. *Fab*. Dans les vignes. Commun.

  Glabratus. *Fab*. Bitche. Rare. Vosges. A.

  Hortensis. *Fab*. Sur les coteaux. Commun.

  Convexus. *Fab*. Dans les bois. Assez rare.

  Cyaneus. *Fab*. Vosges. Assez commun.

CALOSOMA. *Weber*.

  Sycophanta. *Linn*. Dans les prés. A. C.

  Inquisitor. *Fab*. Au pied des chênes. C.

LEISTUS. *Frœlich*.

  Spinibarbis. *Fab*. Sous les pierres.

Fulvibarbis. *Hoffm.* — Sous les pierres. Assez rare.
Spinilabris. *Fab.* — Au bord des mares.

NEBRIA. *Latreille.*

Brevicollis. *Fab.* — Sous les pierres et la mousse.
Picicornis. *Fab.* — Sous les pierres. Très-rare.
Castanea. *Bon.* — *Id.* Très-rare.

OMOPHRON. *Latreille.*

Limbatum. *Linn.* — Bords de la Moselle. Rare.

BLETHISA. *Bonelli.*

Multipunctata. *Fab.* — Bords des eaux. Très-rare.

ELAPHRUS. *Fabricius.*

Uliginosus. *Fab.* — Bords des mares. Rare.
Cupreus. *Meg.* — Bords de la Moselle.
Riparius. *Fab.* — *Id.* Commun.

NOTIOPHILUS. *Duméril.*

Aquaticus. *Fab.* — Très-commun partout.
Biguttatus. *Fab.* — Sur les coteaux. Commun.
Quadripunctatus. *Dej.* — Metz ; rare. Vosges.

CHLÆNIDÆ.

PANAGAEUS. *Latreille.*

Crux-major. *Linn.* — Assez commun.
Quadripustulatus. *Sturm.* — Rare.

LORICERA. *Latreille.*

Pilicornis. *Fab.* — Bords des mares. Rare.

CALLISTUS. *Bonelli.*

Lunatus. *Fab.* — Lieux élevés. Très-rare.

CHLAENIUS. *Bonelli.*

Velutinus. *Duftsch.* — ? Bords des eaux. Très-rare.
Agrorum. *Oliv.* — Champs humides. Rare.
Vestitus. *Fab.* — Bords des eaux. Commun.
Schrankii. *Duftsch.* — Bois, sous la mousse. Rare.

Melanocornis. *Ziegl.*   Assez rare.
Nigricornis. *Fab.*   Id.
Tibialis. *Dej.*   Rare.
Holosericeus. *Fab.*   Bois humides. Très-rare.
OODES. *Bonelli.*
   Helopioides. *Fab.*   Lieux humides. Assez rare.
LICINUS. *Latreille.*
   Silphoides. *Fab.*   Coteaux secs et arides. A. R.
   Cassideus. *Fab.*   Bois montagneux. Rare.
   Depressus. *Payk.*   Dans les bois. Verdun.
BADISTER. *Clairville.*
   Bipustulatus. *Fab.*   Détritus des végétaux. T. C.
   Peltatus. *Panz.*   Bords des mares dans les bois.
   Humeralis. *Bon.*   Bois, sous la mousse.

FERONIDÆ.

POGONUS. *Ziegler.*
   Luridipennis. *Germ.*   B. de la Seille. R. Dieuze. C.
PATROBUS. *Megerle.*
   Rufipes. *Fab.*   Coteaux calcaires. Rare.
PRISTONYCHUS. *Dejean.*
   Terricola. *Oliv.*   Caves et lieux obscurs.
CALATHUS. *Bonelli.*
   Cisteloides. *Illig.*   Sous les pierres. Commun.
   Fulvipes. *Gyll.*   Coteaux. Très-commun.
   Fuscus. *Fab.*   Id.
   Rotundicollis. *Dej.*   Sous les écorces. Rare.
   Microcephalus. *Ziegl.*   Bois, sous les pierres.
   Ochropterus. *Ziegl.*   Environs de Nancy.
   Melanocephalus. *Fab.*   Très-commun.
TAPHRIA. *Bonelli.*
   Vivalis. *Illig.*   Dans les bois. Très-rare.

SPHODRUS. *Clairville.*
    Planus. *Fab.*   Dans les caves. Assez rare.
ANCHOMENUS. *Bonelli.*
    Angusticollis. *Fab.*   Dans les bois, sous la mousse
    Prasinus. *Linn.*   Sous les pierres.
    Pallipes. *Fab.*   Bords des eaux. Commun.
    Oblongus. *Fab.*   Dans les bois. Rare.
AGONUM. *Bonelli.*
    Marginatum. *Fab.*   Lieux humides. Commun.
    Austriacum. *Fab.*   *Id.*   Rare.
    Modestum. *Sturm.*   *Id.*, dans les bois. A. R.
    Sexpunctatum. *Fab.*   Sables humides. Assez rare.
    Parumpunctatum. *Fab.*   Champs. Commun.
    Viduum. *Panz.*   Bois humides.
    Lugens. *Ziegl.*   Bords des mares. Rare.
    Lugubre. *Duftsch.*   Champs humides. Commun.
    Nigrum. *Sturm.*   Bords des eaux. Rare.
    Pelidnum. *Duftsch.*   Sous les écorces de saules. R.
    Gracile. *Sturm.*   Débris de végétaux. Rare.
    Fuliginosum. *Knoch.*   Sous les écorces. Rare.
OLISTHOPUS. *Dejean.*
    Rotundatus. *Payk.*   Sous les pierres. Commun.
POECILUS. *Bonelli.*
    Punctulatus. *Fab.*   Coteaux arides. Rare.
    (Cupreus. *Fab.*   Très-commun.
    (var. *cupreoniger. Géh.* Assez rare.
    Versicolor. *Ziegl.*   *Id.*
    Dimidiatus. *Fab.*   Coteaux boisés.
    Viaticus. *Bon.*   Verdun.
    Lepidus. *Fab.*   Coteaux arides. T. C.
ARGUTOR. *Megerle.*
    Vernalis. *Fab.*   Bords des eaux. Commun.

Negligens. *Meg.*   Lieux humides.

Sturmii. *Dej.*   Bitche.

Strenuus. *Panz.*   Lieux humides.

Pullus. *Gyll.*   *Id.* Rare.

Eruditus. *Meg.*   *Id.* R.

Depressus. *Dej.*   *Id.* R.

Rufus. *Meg.*   Verdun.

Spadiceus. *Dej.*   Lieux humides. Rare.

OMASEUS. *Ziegler.*

Melanarius. *Illig.*   Sous les pierres. Commun.

Pennatus. *Dej.*   Bois montagneux. Très-rare.

Melas. *Creutz.*   *Id.*   *Id.*

Nigritus. *Fab.*   Sous les détritus. Commun.

Anthracinus. *Illig.*   *Id.* Très-commun.

Gracilis. *Sturm.*   Sous les pierres. Rare.

Minor. *Sahlb.*   Bois et coteaux. Rare.

Aterrimus. *Fab.*   *Id.* Très-rare.

STEROPUS. *Megerle.*

Concinnus *Sturm.*   Sous les pierres. A. C.

Madidus. *Fab.*   *Id.* Très-rare.

PLATISMA. *Sturm.*

Picimana. *Creutz.*   *Id.* Assez rare.

Oblongopunctata. *Fab.*   Dans les bois. Rare.

PTEROSTICHUS. *Bonelli.*

Niger. *Fab.*   Bois un peu humides.

Parumpunctatus. *Germ.*   *Id.* Très-rare.

Metallicus. *Fab.*   *Id.* Meurthe.

ABAX. *Bonelli.*

Striola. *Fab.*   Bois. Commun.

Ovalis. *Meg.*   *Id.* Rare.

Parallela. *Duftsch.*   Coteaux pierreux. A. C.

MOLOPS. *Bonelli.*

Terricola. *Fab.*	Lieux ombragés.
CEPHÁLOTES. *Bonelli.*	
Vulgaris. *Bon.*	Sables de la Moselle.
STOMIS. *Clairville.*	
Pumicatus. *Panz.*	Détrit. au bord des eaux. A.R.
ZABRUS. *Clairville.*	
Gibbus. *Fab.*	Dans les champs. Commun.
Curtus. *Lat.*	Sous les pierres. Très-rare.
AMARA. *Bonelli.*	
Eurynota. *Kugell.*	Coteaux secs et arides. Rare.
Obsoleta. *Duftsch.*	Commune.
Montivaga. *Sturm.*	Lieux arides. Très-commune.
Similita. *Gyll.*	Metz; rare. Vosges.
Vulgaris. *Fab.*	Sables de la Moselle. Rare.
Trivialis. *Duftsch.*	Champs arides. Commune.
Spreta. *Zimm.*	Prés secs. Rare. Meurthe.
Plebeja. *Gyll.*	Sables. Commune.
Communis. *Fab.*	*Id.* Assez rare. Vosges.
Tricuspidata. *Sturm.*	Metz. Rare.
Curta. *Dej.*	*Id.*
Familiaris. *Creutz.*	Commune.
Gemina. *Zimm.*	Coteaux pierreux. Rare.
Modesta. *Dej.*	*Id.* Rare. Vosges.
Bifrons. *Gyll.*	Sous les pierres. Assez rare.
Glabrata. *Dej.*	Bitche. Très-rare.
Complanata. *Dej.*	Lieux arides. Très-rare.
Ingenua. *Duftsch.*	Coteaux pierreux.
Consularis. *Duftsch.*	*Id.* Commune.
Patricia. *Duftsch.*	Sous les pierres. Assez rare.
Apricaria. *Fab.*	Dans les champs. T. C.
Fulva. *Degéer.*	Sables humides. A. C.
Aulica. *Illig.*	Bois sablonneux.

HARPALIDÆ.

ANISODACTYLUS. *Dejean.*

Signatus. *Illig.* — Lieux humides. Metz. Rare.
Distinctus. *Solier.* — Id. Très-rare.
Intermedius. *Dej.* — Vosges.
Binotatus. *Fab.* — Coteaux. Assez commun.
Spurcaticornis. *Ziegl.* — Id. Rare. Vosges.

OPHONUS. *Ziegler.*

Columbinus. *Germ.* — Lieux sablonn. Très-rare.
Sabulicola. *Panz.* — Id.
Chlorophanus. *Panz.* — Sables. Très–commun.
Subcordatus. *Dej.* — Bois sablonneux. A. R.
Puncticollis. *Payk.* — Champs arides. Commun.
Brevicollis. *Dej.* — Alluvions de la Moselle. R.
Signaticollis. *Meg.* — Metz; rare. Vosges.
Germanus. *Fab.* — Bois, sables humides. A. R.
Obsoletus. *Dej.* — Verdun.
Dorsalis. *Dej.* — Bois, sables humides. Rare.

HARPALUS. *Latreille.*

Ruficornis. *Fab.* — Très-commun.
Griseus. *Panz.* — Metz; rare. Vosges.
Æneus. *Fab.* — Très–commun.
Confusus. *Dej.* — Lieux élevés. Assez commun.
Distinguendus. *Duftsch.* — Id. Id.
Honestus. *Duftsch.* — Id. Id.
Perplexus. *Gyll.* — Assez rare.
Calceatus. *Creutz.* — Coteaux secs et boisés. R.
Ferrugineus. *Fab.* — Dans les bois. Rare.
Hottentota. *Duftsch.* — Commun.
Limbatus. *Duftsch.* — Metz; rare. Vosges.
Luteicornis. *Duftsch.* — Id. Id.

Satyrus. *Knoch*.	Metz ; rare. Vosges.
Solitaris. *Eschsch*.	Sables de la Moselle. T. R.
Marginellus. *Ziegl*.	Lieux arides. Rare.
Rubripes. *Creutz*.	Id. Id.
Semiviolaceus. *Brong*.	Très-commun.
Impiger. *Meg*.	Metz ; rare. Vosges.
Melancholicus. *Dej*.	Metz ; assez rare. Meurthe.
Tardus. *Gyll*.	Metz. Commun.
Segnis. *Dej*.	Bois arides. Rare.
Serripes. *Duftsch*.	Coteaux. Commun.
Anxius. *Duftsch*.	Id. Id.
Servus. *Creutz*.	Sables arides. Rare. Vosges
Flavitarsis. *Sturm*.	Metz ; rare. Vosges.
Picipennis. *Meg*.	Champs, sous les pierres.
STENOLOPHUS. *Megerle*.	
Vaporariorum. *Fab*.	Sous les débris végét. Rare.
Nigriceps. *Ziegl*.	Verdun.
Vespertinus. *Illig*.	Mares desséchées. Rare.
ACUPALPUS. *Latreille*.	
Dorsalis. *Fab*.	Sous les débris végétaux. R.
Meridianus. *Linn*.	Sous les pierres. Commun.
Nigriceps. *Dej*.	Id. Metz ; rare. Vosges.
Luridus. *Dej*.	Bords des eaux.
Exiguus. *Dej*.	Id. Metz ; rare. Meurthe.
Harpalinus. *Dej*.	Lieux humides. Rare.
Collaris. *Payk*.	Id. Rare. Meurthe.

BEMBIDIDÆ.

TRECHUS. *Clairville*.	
Discus. *Fab*.	Lieux humides. Rare.
Rubens. *Fab*.	Id. Commun.
Secalis. *Payk*.	Bords des mares, bois.

BLEMUS. *Ziegler.*
    Areolatus. *Creutz.*   Bords des eaux. Meurthe.
TACHYS. *Megerle.*
    Bistriata. *Meg.*   Sous les écorces. Commun.
    Rufescens. *Hoffm.*   *Id.*   Rare.
    Pumilio. *Duftsch.*   *Id.*   Metz; R. Meurthe.
    Nana. *Gyll.*   *Id.*   Assez commun.
    Quadrisignata. *Creutz.*   Sous les pierres. Rare.
    Angustata. *Dej.*   *Id.*   Rare.
NOTAPHUS. *Megerle.*
    Undulatus. *Sturm.*   Bords des eaux. Rare.
    Ustulatus. *Fab.*   *Id.*   Commun.
    Obliquus. *Sturm.*   Metz; rare. Meurthe.
    Fumigatus. *Creutz.*   *Id.*
BEMBIDIUM. *Latreille.*
    Paludosum. *Panz.*   Bords des eaux. Commun.
    Orichalcicum. *Duftsch.*   *Id.*   Rare.
    Impressum. *Fab.*   Prés sabl. et submergés. R.
    Striatum. *Fab.*   Sables de la Moselle. C.
PERYPHUS. *Megerle.*
    Rupestris. *Fab.*   Sables et ravins. Commun.
    Modestus. *Fab.*   Metz; rare. Vosges.
    Fluviatilis. *Dej.*   *Id.*
    Cruciatus. *Dej.*   *Id.*   Assez commun.
    Femoratus. *Gyll.*   Sous les débris humides.
    Oblongus. *Dej.*   Assez rare.
    Deletus. *Dej.*   Assez commun.
    Fasciolatus. *Meg.*   Bords des torrents. Vosges.
    Cœruleus. *Dej.*   Bords de la Moselle. Rare.
    Decorus. *Zenk.*   *Id.*   Assez commun.
    Rufipes. *Gyll.*   *Id.*   *Id.*
    Elongatus. *Dej.*   *Id.*   Meurthe.

LEJA. *Megerle.*

Celere. *Fab.*	Bords de la Moselle. T. C.
Pusillum. *Gyll.*	Assez commun.
Assimile. *Gyll.*	*Id.*
Obtusum. *Sturm.*	*Id.*
Guttula. *Fab.*	*Id.*
Biguttatum. *Fab.*	*Id.*
Vulneratum. *Dej.*	Rare.

LOPHA. *Megerle.*

Quadriguttata. *Fab.*	Assez commun.
Quadripustulata. *Fab.*	Rare
Quadrimaculata. *Linn.*	Metz ; rare. Vosges.
Articulata. *Duftsch.*	Bords des mares. Commun.

TACHYPUS. *Megerle.*

Picipes. *Duftsch.*	Bords de la Moselle.
Pallipes. *Duftsch.*	*Id.* Rare.
Flavipes. *Fab.*	*Id.* Commun.

HYDROCANTHARES.

HALIPLIDÆ.

HALIPLUS. *Latreille.*

Elevatus. *Panz.*	Metz ; rare. Dieuze. Vosges.
Obliquus. *Fab.*	*Id.*
Lineatus. *Aubé.*	Dieuze.
Ferrugineus. *Linn.*	Metz. Commun.
Flavicollis. *Aubé.*	Vosges.
Badius. *Ulrich.*	Dieuze.
Variegatus. *Dej.*	Metz. Commun.

Impressus. *Fab.*   Souvent sur les plantes.
{ Bistriolatus. *Duftsch.*   Metz. Assez rare.
{ var. *lineatocollis. Gyll.* Bitche.

CNEMIDOTUS. *Illig.*
     Cæsus. *Duftsch.*   Metz. Assez rare.

DYTISCIDÆ.

PAELOBIUS. *Schoenherr.*
     Hermanni. *Fab.*   Eaux stagnantes. Metz; R.
CYBISTER. *Curtis.*
     Rœselii. *Fab.*   Metz. Assez commun.
DYTISCUS. *Linné.*
     Latissimus. *Fab.*   Vosges. Montmédy.
     Marginalis. *Linn.*   Metz. Assez commun.
     Conformis. *Kunze.*   *Id.*   Rare.
     Dubius. *Gyll.*   *Id.*   Très-rare.
     Circumcinctus. *Ahr.*   *Id.*   Etangs.
     Circumflexus. *Fab.*   *Id.*   Assez rare.
     Dimidiatus. *Illig.*   *Id.*   *Id.*
     Punctulatus. *Linn.*   Metz. Commun.
ACILIUS. *Leach.*
     Sulcatus. *Linn.*   Très-commun.
     Canaliculatus. *Illig.*   Saint-Avold. Vosges.
HYDATICUS *Leach.*
     Transversalis. *Fab.*   Assez commun.
     Hybneri. *Fab.*   Metz. Assez commun.
GRAPHODERUS. *Eschscholtz.*
     Cinereus. *Fab.*   Metz.
     Zonatus. *Fab.*   *Id.*   Rare. Meurthe.
CYMATOPTERUS. *Eschscholtz.*
     Fuscus. *Fab.*   Très-commun.

Rantus. *Eschscholtz.*

Conspersus. *Gyll.*	Metz. Assez rare.
Notatus. *Gyll.*	Id. Rare.
Notaticollis. *Fab.*	Commun.
Collaris. *Gyll.*	Metz. Assez rare.
Agilis. *Fab.*	Id. Assez commun.
Adspersus. *Fab.*	Id. Id.

Ilybius. *Erichson.*

Ater. *Fab.*	Metz. Rare.
Quadriguttatus. *Dej.*	Id. Assez rare.
Fenestratus. *Fab.*	Marais dans les bois. A. R.
Guttiger. *Gyll.*	Metz. Rare.
Fuliginosus. *Fab.*	Id. Commun.

Agabus. *Leach.*

Serricornis. *Payk.*	? Id. Rare. Vosges.

Liopterus. *Eschscholtz.*

Oblongus. *Illig.*	Id. Assez rare.

Colymbetes. *Clairville.*

Femoralis. *Payk.*	Id. Assez rare.
Sturmii. *Schœnh.*	Rare. Vosges.
Chalconatus. *Panz.*	Metz. Assez commun.
{ Maculatus. *Fab.*	Id. Id.
{ variétés.	Id. et Dieuze.
Abbreviatus. *Fab.*	Id. Rare.
Didymus. *Oliv.*	Id. Très-rare. Meurthe.
Paludosus. *Fab.*	Id.
Bipunctatus. *Fab.*	Id. Assez rare.
Guttatus. *Oliv.*	Id. Id.
Dilatatus. *Koll.*	Id. Id.
Biguttatus. *Payk.*	Id. Id.
Bipustulatus. *Fab.*	Id. Très-commun.

NOTERUS. *Clairville.*

    Crassicornis. *Aubé.*   Metz. Commun.

    Sparsus. *Aubé.*   Dieuze.

    Lœvis. *Dej.*   Très-rare.

LACCOPHILUS. *Leach.*

    Minutus. *Fab.*   Commun.

    Interruptus. *Panz.*   *Id.*

HYDROPORIDÆ.

HYPHIDRUS. *Latreille.*

    Ovatus. *Linn.*   Eaux stagnantes. Commun.

    Variegatus. *Illig.*   *Id.*   Assez rare.

HYDROPORUS. *Latreille.*

    Inæqualis. *Fab.*   Metz. Commun.

    Reticulatus. *Fab.*   Souvent sur les plantes.

    Geminus. *Fab.*   Metz. Assez commun.

    Depressus. *Fab.*   *Id.* Rare. Vosges.

    Halensis. *Fab.*   *Id.* Assez rare. Dieuze.

    Picipes. *Fab.*   *Id.*

    Consobrinus. *Kunze.*   Dieuze.

    Confluens. *Fab.*   Metz. Quelquef. sur les plant.

    Parallelogrammus. *Kunze.* Dieuze.

    Dorsalis. *Fab.*   Metz. Commun.

    Opatrinus. *Illig.*   *Id.* A. R. Vosges. C.

    Sexpustulatus. *Fab.*   *Id.* Commun.

    Erythrocephalus. *Fab.*   *Id.* *Id.*

    Rufifrons. *Gyll.*   *Id.* Rare.

    Planus. *Gyll.*   *Id.* Commun.

    Nigrita. *Fab.*   *Id.*

    Tristis. *Payk.*   *Id.* Rare.

    Umbrosus. *Gyll.*   St.-Avold. Metz. Très-rare.

Lineatus. *Fab.*   Très-commun.

Flavipes. *Oliv.*   Metz. Commun.

Granularis. *Fab.*   *Id.*   Assez commun.

Pictus. *Fab.*   *Id.*   Très-rare. Vosges.

GYRINIDÆ.

GYRINUS *Linné.*

Lineatus. *Hoffm.*   Metz ; rare. Vosges.

Natator. *Fab.*   Eaux stagnantes. Metz. C.

Minutus. *Fab.*   Metz ; rare. Dieuze.

Bicolor. *Payk.*   *Id.*   Ruisseaux. Assez R.

Marinus. *Gyll.*   *Id.*

ORECTOCHILUS. *Eschscholtz.*

Villosus. *Fab.*   *Id.*   Vosges.

BRACHÉLYTRES.

ALEOCHARIDÆ.

MYRMEDONIA. *Erichson.*

Canaliculata. *Fab.*   Metz, sous la mousse. T. C.

Limbata. *Payk.*   *Id.* Assez rare.

Humeralis. *Grav.*   *Id.*   *Id.*

Funesta. *Grav.*   *Id.* Fourmilières.

Laticollis. *Maerk.*   Bitche.

AUTALIA. *Leach.*

Impressa. *Mann.*   Metz. Fourmilières.

FALAGRIA. *Leach.*

Sulcata. *Mann.*   Metz.

Obscura. *Mann.*   *Id.* Sous la mousse des arb.

Pusilla. *Mann.*   *Id.*   *Id.*

Nigra. *Mann.*   Dans les bois. Rare.

BOLITOCHARA. *Mannerheim.*
   Lunulata. *Mann.* — Très-rare.
OCALEA. *Erichson.*
   Castanea. *Erichs.* — Meurthe.
TACHYUSA. *Erichson.*
   Balteata. *Erichs.* — Très-rare.
HYGRONOMA. *Erichson.*
   Dimidiata. *Grav.* — Rare. Vosges.
HOMALOTA. *Mannerheim.*
   Graminicola. *Grav.* — Metz, sur les plantes.
   Elongatula. *Erichs.* — *Id.* Assez commun.
   Depressa. *Grav.* — *Id.*
   Socialis. *Erichs.* — *Id.*
   Talpa. *Mark.* — *Id.* Rare. Fourmilières.
   Flavipes. *Grav.* — *Id.* T. R. *Id.*
   Longicornis. *Grav.* — Dans les bois. Rare.
   Fungi. *Grav.* — Dans les champignons.
   Fulvipes. *Erichs.* — Dans les fourmilières.
OXYPODA. *Mannerheim.*
   Luteipennis. *Erichs.* — Sous la mousse des arb. T.C.
   Latiuscula. *Mann.* — *Id.* Assez commun.
   Alternans. *Mann.* — *Id.*
   Vittata. *Maerk.* — Assez rare.
   Ruficollis. *Erichs.* — *Id.*
ALEOCHARA. *Gravenhorst.*
   (Fuscipes. *Grav.* — Dans les fumiers.
   (*Id.* var. — Assez commun.
   Rufipennis. *Erichs.* — Dans les fumiers.
   Tristis. *Grav.* — Dans les charognes. Comm.
   Bipunctata. *Grav.* — Meurthe.
   Brevipennis. *Grav.* — Dans les matières fécales.
   Fumata. *Erichs.* — *Id.*

Nitida. *Grav.* Sur les plantes.
Lanuginosa. *Grav.* Dans les matières fécales. C.
Mœsta. *Grav.* Assez rare.
Angulata. *Erichs.* Fourmilières.
Crassicornis. *Lacord.* Meurthe.
OLIGATA. *Mannerheim.*
Pusillima. *Mann.* Fourmilières. Très-rare.
GYROPHOENA. *Mannerheim.*
Nitidula. *Mann.* Rare.
Nana. *Mann.* Assez rare.
EURYUSA. *Erichson.*
Sinuata. *Erichs.* Sous les lichens.
DINARDA. *Leach.*
Dentata. *Mann.* Fourmilières. Rare.
LOMECHUSA. *Gravenhorst.*
Paradoxa. *Grav.* Metz. Assez rare.
Emarginata. *Grav.* *Id.* Rare. Fourmilières.
MYLLAENA. *Erichson.*
Dubia. *Grav.* *Id.* *Id.*
GYMNUSA. *Karsten.*
Brevicollis. *Mann.* *Id.* Très-rare.

TACHYPORIDÆ.

HYPOCYPHTUS. *Schüppel.*
Longicornis. *Mann.* Écorces d'arbres.
CONURUS. *Stephens.*
Littoreus. *Linn.* Sous la mousse. Commun.
Pubescens. *Grav.* *Id.* Assez rare.
Pedicularius. *Grav.* *Id.* *Id.*
TACHYPORUS. *Gravenhorst.*
Obtusus. *Mann.* Sous les écorces.
Abdominalis. *Erichs.* *Id.* Rare.

Saginatus. *Grav.*	Sous les écorces. Meurthe.
Hypnorum. *Erichs.*	Sous la mousse. Commun.
Chrysomelinus. *Grav.*	*Id.* *Id.*
Pusillus. *Grav.*	*Id.* Rare.
Scitulus. *Erichs.*	*Id.* R.
Transversalis. *Grav.*	*Id.* R.
Brunneus. *Erichs.*	*Id.*
HABROCERUS. *Erichson.*	
Capillaricornis. *Grav.*	Fourmilières?
TACHINUS. *Gravenhorst.*	
Silphoides. *Gyll.*	*Id?*
Rufipes. *Erichs.*	Dans les excréments.
Flavipes. *Fab.*	*Id.* Très-commun.
Humeralis. *Grav.*	Dans les cadavres. A. C.
Subterraneus. *Grav.* var. *marginatus. Fab.*	Dans les fumiers.
Pallipes. *Lacord.*	*Id.*
Marginellus. *Grav.*	*Id.*
Fimetarius. *Grav.*	*Id.*
Collaris. *Grav.*	Sous les détritus.
BOLETOBIUS. *Leach.*	
Analis. *Mann.*	Metz. Assez rare.
Cingulatus. *Mann.*	*Id.*
Striatus. *Mann.*	*Id.*
Atricapillus. *Mann.*	*Id.* Bolets. Rare.
Lunulatus. *Mann.*	*Id.*
Trinotatus. *Erichs.*	*Id.*
Exoletus. *Mann.*	*Id.* *Id.*
Pygmæus. *Mann.*	*Id.* Meurthe.
MYCETOPORUS. *Mannerheim.*	
Lepidus. *Mann.*	Sous les mousses.
Splendidus. *Mann.*	Les prés humides.

XANTHOLINIDÆ.

OTHIUS. *Leach.*

    Fulvipennis. *Erichs.*   Sous la mousse dans les bois.

XANTHOLINUS. *Dahl.*

    Fulgidus. *Fab.*   Metz.

    Glabratus. *Grav.*   *Id.*   Assez commun.

    Lentus. *Zett.*   *Id.*   Meurthe.

    Punctulatus. *Fab.*   *Id.*

    Tricolor. *Fab.*   *Id.*

    Linearis. *Grav.*   *Id.*   A. C. Vosges. T. C.

LEPTACINUS. *Erichson.*

    Brevicornis. *Erichs.*   Rare.

    Parumpunctatus. *Gyll.*   Metz. Rare.

    Batychrus. *Gyll.*   *Id.*   Commun.

    Formicetorum. *Mann.*   Fourmilières. Rare.

STAPHYLINIDÆ.

STAPHYLINUS. *Linné.*

    Hirtus. *Linn.*   Dans les bouses. Commun.

    Maxillosus. *Linn.*   Dans les cadavres.

    Nebulosus. *Fab.*   Dans les bouses.

    Murinus. *Linn.*   *Id.*

    Chrysocephalus. *Fourc.*   Sur les arbres. Rare.

    Pubescens. *Degéer.*   Dans les bouses.

    Fossor. *Scop.*   *Id.*   Metz ; rare.

    Erythropterus. *Linn.*   Assez rare.

    Cæsareus. *Cederh.*   Très-commun.

    Stercorarius. *Oliv.*   Dans les bouses. Rare.

    Chalcocephalus. *Fab.*   Assez commun.

    Latebricola. *Grav.*   Rare.

OCYPUS. *Kirby.*

    Olens. *Fab.*   Commun en automne.

    Cyaneus. *Fab.*   Bouses. Assez rare.

Similis. *Gyll.*	Dans les bouses. Assez rare.
Brunnipes. *Fab.*	Très-rare.
Picipennis. *Erichs.*	Rare.
Cupreus *Erichs.*	*Id.*
Fulvipennis. *Erichs.*	Meurthe.
Pedator. *Grav.*	Très-rare. Meurthe.
Ater. *Grav.*	Lieux humides.
Morio. *Grav.*	Dans les bois. Très-rare.
PHILONTHUS. *Leach.*	
Splendens. *Fab.*	Dans les fleurs.
Intermedius. *Dej.*	Bouses. Commun.
Laminatus. *Creutz.*	Metz. Assez rare.
Cyanipennis. *Fab.*	*Id.* Rare. Vosges. C,
Æneus. *Grav.*	Bouses. Commun.
Atratus. *Grav.*	*Id.*
Decorus. *Grav.*	*Id.*
Politus. *Linn.*	*Id.*
Umbratilis. *Grav.*	Metz. Très-rare.
Varius. *Gyll.*	*Id.* Rare.
Bimaculatus. *Nordm.*	Meurthe.
Sordidus. *Nordm.*	Assez commun.
Fimetarius. *Erichs.*	Commun.
Ebeninus. *Grav.* .	*Id.*
Corvinus. *Erichs.*	Meurthe.
Fumigatus. *Erichs.*	Metz. Assez commun.
Corruscus. *Nordm.*	Meurthe.
Sanguinolentus. *Grav.* et *var.*	Sous les pierres. Très-comm.
Bipustulatus. *Fab.*	Rare.
Varians. *Payk.*	*Id.*
Debilis. *Erichs.*	Meurthe.
Ventralis. *Nordm.*	*Id.*

Rubidus. *Erichs.*   Meurthe.
Quisquiliarius. *Nordm.*   *Id.*
Splendidulus. *Erichs.*   *Id.*
Fumarius. *Grav.*   Rare.
Micans. *Nordm.*   Meurthe.
Fulvipes. *Nordm.*   Assez commun.
Tenuis. *Nordm.*   Sur les plantes. Très-rare.
Exiguus. *Nordm.*   Meurthe.
Aterrimus. *Grav.*   Assez rare.
Punctus. *Grav.*   Dans les bouses.
Cinerascens. *Nordm.*   Meurthe.
Procerulus. *Grav.*   *Id.*
Elongatulus. *Erichs.*   *Id.*

QUEDIUS. *Leach.*
Lateralis. *Curtis.*   Meurthe.
Fulgidus. *Erichs.*   Metz. Commun.
Scitus. *Grav.*   *Id.* Assez rare.
Impressus. *Grav.*   Commun.
Brevis. *Erichs.*   Metz. Assez rare.
Molochinus. *Grav.*   Meurthe.
Frontalis. *Nordm.*   Metz. Assez commun.
Fuliginosus. *Grav.*   *Id.* Commun.
Picipes. *Erichs.*   *Id.* Meurthe.
Maurorufus. *Gyll.*   *Id.*
Rufipes. *Grav.*   *Id.*
Attenuatus. *Grav.*   *Id.*

VELLEIUS. *Leach.*
Dilatatus. *Fab.*   Metz ? Très-rare. Vosges.

ASTRAPAEUS. *Gravenhorst.*
Ulmi. *Grav.*   Sous les écorces. Rare.

OXYPORUS. *Fabricius.*
Rufus. *Fab.*   Dans les bolets. Commun.

PÆDERIDÆ.

CRYPTOBIUM. *Mannerheim.*

 Fracticorne. *Mann.*   Metz. Rare.

ACHENIUM. *Leach.*

 Depressum. *Nordm.*   Sous les écorces.

 Humile. *Erichs.*   *Id.*

LATHROBIUM. *Gravenhorst.*

 Brunnipes. *Grav.*   Metz. Sous les pierres.

 Elongatum. *Grav.*   *Id.* Commun.

 Fulvipenne. *Gyll.*   *Id.* Rare.

 Rufipenne. *Gyll.*   *Id.* R.

 Moltipunctum. *Grav.* Sous les écorces. Assez comm.

 Quadratum. *Gyll.*   Metz. Rare.

 Filiforme. *Grav.*   *Id.* Assez commun.

 Longulum. *Grav.*   *Id.* R.

LITHOCHARIS. *Dejean.*

 Fuscula. *Ziegl.*   Rare.

 Melanocephela. *Fab.* *Id.*

 Ochracea. *Grav.*   *Id.*

STILICUS. *Latreille.*

 Fragilis. *Grav.*   Sous les pierres.

 Rufipes. *Grav.*   *Id.* Trés-rare.

 Affinis. *Erichs.*   *Id.* Meurthe.

 Orbiculatus. *Erichs.* *Id.* Assez rare.

SUNIUS. *Leach.*

 Filiformis. *Lat.*   Lieux humides. Rare.

 Angustatus. *Fab.*   *Id.* Commun.

PAEDERUS. *Gravenhorst.*

 Littoralis. *Grav.*   Bord des eaux. Commun.

 Longipennis. *Erichs.* Sous la mousse. Assez rare.

 Riparius. *Fab.*   Bord des eaux. Commun.

 Ruficollis. *Fab.*   *Id.* *Id.*

3

STENIDÆ.

STENUS. *Latreille*.

Biguttatus. *Fab.*	Metz. Sous les pierres. C.
Bimaculatus. *Gyll.*	Id. Commun.
Stigmula. *Erichs.*	Très-rare. Vosges.
Juno. *Fab.*	Rare.
Ater. *Mann.*	Sous les écorces.
Buphthalmus. *Grav.*	Metz.
Morio. *Grav.*	Sous les écorces. Meurthe.
Atratulus. *Erichs.*	Assez rare.
Æmulus. *Erichs.*	Meurthe.
Canaliculatus. *Gyll.*	Metz.
Speculator. *Dahl.*	Id.
Providus. *Erichs.*	Id.
Fuscipes. *Grav.*	Id.
Humilis. *Erichs.*	Assez rare.
Circularis. *Grav.*	Meurthe.
Declaratus. *Erichs.*	Id.
Unicolor. *Erichs.*	Assez rare ; Briey.
Opticus. *Grav.*	Metz.
Binotatus. *Ljungh.*	Id.
Subimpressus. *Erichs.*	Id.
Plantaris. *Erichs.*	Meurthe.
Plancus. *Erichs.*	Id.
Bifoveolatus. *Gyll.*	Id.
Impressus. *Germ.*	Metz.
Flavipes. *Erichs.*	Id. Assez rare.
Pallipes. *Grav.*	Id.
Filum. *Erichs.*	Meurthe.
Tarsalis. *Ljungh.*	Metz.
Oculatus. *Grav.*	Id.

Solutus. *Erichs.*	Lieux humides. Metz.
Cicindeloides. *Grav.*	Metz. Commun.

EVAESTHETUS. *Gravenhorst.*

Ruficapillus. *Erichs.*	Rare.
Scaber. *Grav.*	Meurthe.

OXYTELIDÆ.

BLEDIUS. *Leach.*

Tricornis. *Mann.*	Mâle , Rare. Femelle , A. C.
Fracticornis. *Mann.*	Meurthe.
Opacus. *Erichs.*	Metz.. Sous la mousse. T. R

PLATYSTHETUS. *Mannerheim.*

Morsitans. *Mann.*	*Id.* Rare.
Cornutus. *Mann.*	Metz; rare. Vosges. A. C.
Nodifrons. *Mann.*	Très–rare.

OXYTELUS. *Gravenhorst.*

Rugosus. *Fab.*	Metz. Sous la mousse des arb.
Insectatus. *Grav.*	Meurthe.
Fulvipes. *Erichs.*	*Id.*
Piceus. *Grav.*	*Id.*
Sculpturatus. *Grav.*	Metz. Très–commun.
Inustus. *Grav.*	*Id.* Assez rare.
Nitidulus. *Grav.*	*Id.* Assez commun.
Depressus. *Grav.*	Meurthe.
Pumilus. *Erichs.*	*Id.*

PHLOEONAEUS. *Erichson.*

Cœlatus. *Grav.*	Sur les plantes. A. C.
Cæsus. *Erichs.*	Bitche.

TROGOPHLOEUS. *Mannerheim.*

Bilineatus. *Erichs.*	Saint–Avold.
Riparius. *Dejean.*	Meurthe.
Corticinus. *Grav.*	Briey. Metz.

Pusillus. *Grav.*　　　　Bitche.

COPROPHILUS. *Latreille.*
　　Striatulus. *Fab.*　　　Dans les bouses.
ACROGNATHUS. *Erichson.*
　　Mandibularis. *Gyll.*　　Metz. Rare.

OMALIDÆ.

ANTHOPHAGUS. *Gravenhorst.*
　　Armiger. *Grav.*　　　Meurthe.
　　Caraboides. *Grav.*　　Rare.
　　Testaceus. *Grav.*　　Sous les écorces?
　　Præustus. *Müll.*　　　　*Id.*
OLOPHRUM. *Erichson.*
　　Assimile. *Erichs.*　　Meurthe.
LESTEVA. *Latreille.*
　　Bicolor. *Erichs.*　　Metz.
　　Pubescens. *Mann.*　　Rare.
　　Longula. *Mann.*　　Très-rare.
OMALIUM. *Gravenhorst.*
　　Rivulare. *Payk.*　　Metz.
　　Monilicorne. *Gyll.*　　Meurthe.
　　Fossulatum. *Erichs.*　　*Id.*
　　Florale. *Payk.*　　　Metz.
　　Brunneum. *Oliv.*　　　*Id.*
　　Lucidum. *Erichs.*　　Très-rare.
　　Striatum. *Grav.*　　Sous les écorces.
　　Testaceum. *Erichs.*　　Assez rare.
　　Deplanatum. *Gyll.*　　Sous la mousse.
　　Planum. *Grav.*　　　Metz.
ANTHOBIUM. *Leach.*
　　Sorbi. *Gyll.*　　　　Metz.
　　Scutellare. *Erichs.*　　Meurthe.

Minutum. *Fab.*   Rare.
Longipenne. *Erichs.*   Meurthe.

PROTEINIDÆ.

PROTEINUS. *Latreille.*
    Brachypterus. *Lat.*   Très-rare. Fourmilières?
MEGARTHRUS. *Kirby.*
    Depressus. *Payk.*   Id.   Id.
    Denticollis. *Erichs.*   Id.   Id.
    Hemipterus. *Gyll.*   Id.   Id.
MICROPEPLUS. *Latreille.*
    Porcatus. *Charp.*   Metz. T. R. Fourmilières.

PSÉLAPHIENS.

———

PSELAPHIDÆ.

BATRISUS. *Aubé.*
    Venustus. *Aub.*   Dans les fourmilières.
CTENISTES. *Reichenbach.*
    Palpalis. *Reich.*   Sous la mousse. Très-rare.
PSELAPHUS. *Herbst.*
    Heisei. *Herbst.*   Sous la mousse des arb. A. C.
BRYAXIS. *Leach.*
    Sanguinea. *Illig.*   Marais.
    Fossulata. *Reich.*   Id.   Assez commun.
    Hœmatica. *Reich.*   Prés humides. A. C.
    Impressa. *Panz.*   Id.
TYCHUS. *Leach.*
    Niger. *Payk.*   Mâle, C. Fem., R. Prés hum.

BYTHINUS. *Leach.*
    Puncticollis. *Denny.*   Sous les écorces.
    Bulbifer. *Reich.*   Prés humides.
    Securiger. *Reich.*   *Id.*
EUPLECTUS. *Kirby.*
    Signatus. *Reich.*   Détritus végétaux.
    Ambiguus. *Reich.*   Prés humides.
CLAVIGER. *Preyssler.*
    Testaceus. *Preyssl.*   Fourmilières.

STERNOXES.

BUPRESTIDÆ.

ANCYLOCHEIRA. *Eschscholtz.*
    Rustica. *Linn.*   Metz. Très-rare.
CHRYSOBOTHRIS. *Eschscholtz.*
    Affinis. *Fab.*   *Id.*   Rare. Vosges.
ANTHAXIA. *Eschscholtz.*
    Manca. *Fab.*   Dans les bois. Rare. Vosges.
    Salicis. *Fab.*   Sur les saules, les ronces. A.R.
    Nitida. *Rossi.*   *Id.*   Rare.
    Nitidula. *Linn.*   Dans les broussailles.
    Sepulchralis. *Fab.*   Assez rare. Meurthe.
    Cichorii. *Oliv.*   Rare.
    Quadripunctata. *Fab.*   Vosges.
AGRILUS. *Megerle.*
    Undatus. *Fab.*   Sur les chênes. Etain. T.R.
    Guerini. *Dej.*   Sur le saule marceau. A.R.
    Biguttatus. *Fab.*   Sur les jeunes chênes.

Sexguttatus *Herbst.*   Sur les saules. Rare.
Sinuatus. *Oliv.*   Vosges. Très-rare à Metz.
Viridis. *Linn.*   Bois et bûcheries.
Cyaneus. *Oliv.*   Sur les fleurs.
Angustulus. *Illig.*   Les trembles. Commun.
Derasofasciatus. *Ziegl.*   Metz. Rare. Meurthe.
Hyperici. *Creutz.*   Sur les plantes. Très-rare.

TRACHYS. *Fabricius.*
Minuta. *Linn.*   Sur les jeunes arbres. C.
Pygmæa. *Fab.*   *Id.*   Rare. Vosges.
Nana. *Fab.*   *Id.*   Meurthe.

APHANISTICUS. *Latreille.*
Emarginatus. *Fab.*   Sur le trèfle. Rare. Vosges.
Pusillus. *Oliv.*   Très-rare.   *Id.*

EUCNEMIDÆ.

MELASIS. *Olivier.*   [Rare. Vosges.]
Flabellicornis. *Fab.*   Sur les souches de chênes.
ISORHIPIS. *Lacordaire.*
Lepaigei. *Dej.*   Vosges. Verdun.
CEROPHYTUM. *Latreille.*
Elateroides. *Lat.*   Dans les bolets. Très-rare.
EUCNEMIS. *Ahrens.*
Capucinus. *Ahr.*   Sur les ormes. Très-rare.
XYLOECUS. *Serville.*
ALNI. *Fab.*   Sur les vieux saules. T. R.

TETRALOBIDÆ.

SYNAPTUS. *Eschscholtz.*
Filiformis. *Fab.*   Sur les plantes. Assez comm.

ELATERIDÆ.

CRATONYCHUS. *Dejean.*

Obscurus. *Fab.* — Dans les bois. Rare.
Brunnipes. *Ziegl.* — Sur les chemins. Assez comm.
Niger. *Fab.* — Metz. Dans les bois. Rare.

AGRYPNUS. *Eschscholtz.*

Varius *Fab.* — Dans les herbes. Très-rare.
Murinus *Linn.* — Dans les prés. Très-commun.

ATHOUS. *Eschscholtz.*

Rhombeus. *Herbst.* — Côteaux herbeux. Très-rare.
Hirtus *Herbst.* — Sur les plantes, orties. T. C.
Longicollis. *Fab.* — Sur les graminées, dans les b.'
Difformis *Ziegl.* — *Id.* Rare.
Hæmorrhoidalis. *Fab.* — Sur les plantes dans les bois.
Leucophæus. *Dej.* — *Id.* Assez commun.
Inunctus *Panz.* — Sur les vieux saules. Rare.
Crassicollis *Dej.* — Dans les bois. Rare.
Vittatus. *Fab.* — Sur les ombellifères. Comm.
Subfuscus. *Gyll.* — *Id.* Assez rare.

LIMONIUS. *Eschscholtz.*

Cylindricus. *Payk.* — Dans les prés fleuris. Comm.
Nigripes. *Gyll.* — Sur le saule. Commun.
Mus. *Illig.* — Dans les bois. Rare.
Minutus. *Linn.* — *Id.* Très-rare.
Lythrodes. *Germ.* — *Id.*
Bructeri. *Fab.* — *Id.* Très-rare.
Bipustulatus. *Fab.* — Sous les écorces. Rare.

CAMPYLUS. *Fischer.*

Linearis. *Linn.* — Dans les bois, aux Étangs.
Mesomelas. *Linn.* — *Id.*

CARDIOPHORUS. *Eschscholtz.*

Thoracicus. *Linn.*	Dans les bois. Rare.
Equiseti. *Herbst.*	Sur les plantes marécageuses.
Rufipes. *Fab.*	Sous les écorces. Assez rare.
AMPEDUS. *Megerle.*	
Sanguineus. *Linn.*	Dans les bois. Rare.
Ephippium. *Fab.*	Sur les j. arbres dans les bois.
Præustus. *Fab.*	Metz. Rare. Vosges.
Ferrugatus. *Ziegl.*	*Id.*
Crocatus *Ziegl.*	Dans les vieux saules.
Elongatulus. *Fab.*	Sur le saule marceau.
Balteatus. *Linn.*	Sous les écorces.
Æthiops. *Frœlich.*	Dans les bois. Rare.
Nigerrimus. *Dej.*	*Id.* Très-rare.
Nigrinus. *Payk.*	*Id.* Rare.
Tibialis. *Meg.*	*Id.* Très-rare.
CRYPTOHYPNUS. *Eschscholtz.*	
Pulchellus. *Linn.*	Sur les graminées.
Quadripustulatus. *Herbst.*	Sous les pierres. Rare.
Exiguus. *Dej.*	Très-rare à Metz. Vosges. C.
STEATODERUS. *Eschscholtz.*	
Ferrugineus. *Linn.*	Dans les saules. T. R.
CORYMBITES. *Latreille.*	
Cupreus. *Fab.*	Vosges. Dans les bois. C.
Æruginosus. *Fab.*	*Id.* Sur les fougères.
Pectinicornis. *Fab.*	Metz. Dans les bois. T. R.
Hæmatodes. *Fab.*	Dans les prés, près des bois.
Castaneus. *Linn.*	Sur les pommiers fleuris. R.
LUDIUS. *Latreille.*	
Tessellatus. *Linn.*	Dans les prés. Commun.
Cruciatus. *Linn.*	Bois des Étangs.
Assimilis. *Gyll.*	Metz ; rare. Meurthe.
Holosericeus. *Fab.*	Dans les prés. Commun.

Æneus. *Linn.*	Dans les prés arides. C.
Latus. *Fab.*	Dans les ch. sur les graminées.
Metallicus. *Payk.*	Sur le saule. T. R. Vosges.
Longulus. *Gyll.*	Metz ? ?

AGRIOTES. *Eschscholtz.*

Pilosus. *Fab.*	Sur les plantes des coteaux. C.
Gallicus. *Dej.*	Metz. *Id.* Vosges. T. C.
Gilvellus. *Ziegl.*	Sur les ombellifères. T. C.
Segetis. *Bjerk.*	Sur les graminées. Commun.
Variabilis. *Fab.*	*Id.* Sur les bolets.
Sputator. *Linn.*	*Id.* Commun.
Rufulus. *Dej.*	Rare.

SERICOSOMUS. *Serville.*

Fugax. *Fab.*	Dans les bois. Assez rare.
Brunneus *Linn.*	Metz ? Très-rare.
Fulvipennis. *Dej.*	Verdun.

DOLOPIUS. *Megerle.*

Marginatus. *Linn.*	Dans les bois. Commun.

ECTINUS. *Eschscholtz.*

Aterrimus. *Linn.*	Sur les chênes. Assez rare.

ADRASTUS. *Megerle.*

Limbatus. *Fab.*	Sous les pierres. Commun.
Umbrinus. *Germ.*	Sur les tilleuls. Assez rare.

MALACODERMES.

CEBRIONIDÆ.

ATOPA. *Fabricius.*

Cervina. *Fab.*	Metz. Très-rare.
Cinerea. *Fab.*	*Id.* Meurthe.

ELODES. *Latreille.*

Livida. *Fab.*	Metz. Assez rare.
Pubescens. *Fab.*	Sur les plantes aquatiques. C.
Grisea *Fab.*	Id. Commun.
Padi. *Linn.*	Id. Id.
Marginata. *Fab.*	Metz. Assez rare.
Pallida. *Fab.*	Id. Id.

EUBRIA. *Ziegler.*

Palustris. *Ziegl.*	Id. Très-rare.

SCIRTES. *Illiger.*

Hemisphæricus. *Linn.*	Dans les bois humides. A. R.

LAMPYRIDÆ.

LYGISTOPTERUS. *Dejean.*

Sanguineus. *Fab.*	Les fleurs dans les bois. R.

DYCTYOPTERUS. *Latreille.*

Aurora. *Fab.*	Id. T.-R. Bitche.

OMALISUS. *Geoffroy.*

Suturalis. *Fab.*	Sur les chênes. A. R.

LAMPYRIS. *Linné.*

Noctiluca. *Fab.*	Sous les pierres.
Splendidula. *Fab.*	Meurthe. Très–rare.

GEOPYRIS. *Dejean.*

Hemiptera. *Fab.*	Dans les bois. Très-rare.

DRILUS. *Olivier.*

Flavescens *Fab.*	Dans les prés. Assez comm.

TELEPHORUS. *Schœffer.*

Anticus *Maerk.*	Dans les bois.
Fuscus. *Fab.*	Dans les prés. Très-commun.
Dispar. *Fab.*	Id. Id.
Pellucidus. *Fab.*	Dans les bois. Commun.
Fuscipennis. *Dej.*	Metz. Très-rare.

Nigricans. *Fab.*	Metz. Assez rare.
Obscurus. *Fab.*	*Id.* Commun.
Discicollis. *Ziegl.*	*Id.* Rare.
Lateralis. *Fab.*	*Id.* Rare.
Thoracicus. *Gyll.*	Verdun.
Fulvicollis. *Fab.*	Dans les bois. Rare.
Lividus. *Fab.*	*Id.* Commun.
Rufus. *Linn.*	*Id.* Rare.
Bicolor. *Fab.*	Sur les fleurs. Assez rare..
Melanurus. *Fab.*	Sur les ombellifères. Comm.
Pilosus. *Payk.*	Metz. Assez rare.
Fuscicornis. *Oliv.*	*Id.* Rare.
Lituratus. *Gyll.*	*Id.* Dans les prés. Rare.
Testaceus. *Fab.*	Dans les prés. Assez comm.
Pallipes. *Fab.*	Dans les bois.
Pallidus. *Fab.*	Sur les ombellifères. Comm.
Ater. *Fab.*	Dans les bois. Rare.
SILIS. *Megerle.*	
Spinicollis. *Meg.*	Vosges.
MALTHINUS. *Latreille.*	
Flavus. *Lat.*	Dans les prés. Assez rare.
Fasciatus. *Oliv.*	*Id.* *Id.*
Biguttatus. *Fab.*	Les saules au bord des eaux.
Marginatus. *Lat.*	Sur les haies en fleurs.
Sanguinicollis. *Schœnh.*	Dans les prés. Rare.
Longipennis. *Dej.*	Sur les saules. Assez rare.

MELYRIDÆ.

MALACHIUS. *Fabricius.*	
Æneus *Fab.*	Sur les fleurs dans les jardins.
Bipustulatus. *Fab*	*Id.* Commun.
Elegans. *Oliv.*	*Id.* Assez rare.

Viridis. *Fab.*	Très-commun.
Marginellus. *Fab.*	Assez commun.
Pulicarius. *Fab.*	Dans les prés. Assez rare.
Marginalis. *Meg.*	Sur les fleurs. Assez rare.
Rubricollis. *Gyll.*	Dans les prés.
Sanguinolentus. *Fab.*	Dans les bois. Très-rare.
Equestris. *Fab.*	Dans les jardins.
Fasciatus. *Fab.*	*Id.*
Thoracicus. *Fab.*	Verdun.
Flavipes. *Ziegl.*	*Id.*
Pallipes. *Oliv.*	Dans les bois. Assez rare.
Angulatus. *Fab.*	*Id.* *Id.*

DASYTES. *Fabricius.*

Nigricornis. *Fab.*	Dans les prés. Assez rare.
Antiquus. *Schœnh.*	Dans les bois.
Nobilis. *Illig.*	Metz. Rare.
Cœruleus. *Fab.*	*Id.*
Niger. *Fab.*	Sur les haies. Commun.
Subæneus. *Schœnh.*	*Id.* Rare.
Flavipes. *Fab.*	Sur les herbes.
Fulvipes. *Sturm.*	*Id.* Rare.
Plumbeus. *Oliv.*	Sur le troène en fleurs. **T.-C.**
Linearis. *Fab.*	Dans les prés. Rare.
Pallipes. *Illig.*	*Id.* *Id.*

TÉRÉDILES.

CLERIDÆ.

TILLUS. *Fabricius.*

Elongatus. *Fab.*	Dans les bois. Rare.

Ambulatus. *Fab.*   Sous les écorces. T.-R.

Unifasciatus. *Fab.*   *Id.*   Rare.

Notoxus. *Fabricius.*

Mollis. *Fab.*   Sous les pierres.

Pallidus. *Oliv.*   Dans les bois. Rare.

Trichodes. *Fabricius.*

Alvearius. *Fab.*   Sur les ombellifères. Comm.

Apiarius. *Fab.*   Dans les jardins et les bois. C.

Clerus. *Fabricius.*

Mutillarius. *Fab.*   Sur les plantes. Rare.

Formicarius. *Fab.*   Dans les bois.

Quadrimaculatus *Fab.*   Sous les écorces. Rare.

Corynetes. *Fabricius.*

Chalybeus. *Knoch.*   Sur les ombellifères.

Violaceus. *Fab.*   Sur les fleurs.

Rufipes. *Fab.*   *Id.*   Rare.

Ruficollis. *Fab.*   *Id.*   Très-rare.

LYMEXYLIDÆ.

Enoplium. *Latreille.*

Sanguinicolle. *Fab.*   Meurthe.

Lymexylon. *Fabricius.*

Navale. *Fab.*   Très-rare. Vosges.

Hylecoetus. *Latreille.*

Dermestoides. *Fab.*   Sous les écorces. Très-rare.

Morio. *Fab.*   Rare. Vosges.

PTINIDÆ.

Ptilinus. *Geoffroy.*

Pectinicornis. *Fab.*   Sur les noisetiers.

Flabellicornis. *Meg.*   Dans les bois. Rare. Vosges.

Xyletinus. *Latreille.*

Pectinatus. *Fab.*   Les vieux bois. R. Vosges.

Ater. *Panz.*   Les vieux bois. Très-rare.

Flavipes. *Dej.*   Metz.

DORCATOMA. *Fabricius.*

Dresdense. *Fab.*   Sous les écorces. Rare.

Bovistæ. *Knoch.*   Dans les bolets. Rare.

Rubens. *Knoch.*   *Id.*   Très-rare.

OCHINA. *Ziegler.*

Hederæ. *Germ.*   *Id.*   Rare.

ANOBIUM. *Fabricius.*

Tessellatum. *Fab.*   Dans les vieux bois. Rare.

Striatum. *Fab.*   *Id.*   Commun.

Denticolle. *Panz.*   Metz. Très-rare.

Rufipes. *Fab.*   *Id.*

Nitidum. *Gyll.*   Sous les écorces.

Pertinax. *Fab.*   Dans les maisons. Commun.

Castaneum. *Fab.*   Sur les plantes. Commun.

Variabile. *Dej.*   *Id.*   Rare.

Molle. *Fab.*   *Id.*   Commun.

Abietis. *Fab.*   Sous les écorces.

Abietinum. *Gyll.*   *Id.*

Paniceum. *Fab.*   Dans les celliers. T. C.

HEDOBIA. *Ziegler.*

Pubescens. *Fab.*   Sous les écorces. Rare.

Imperialis. *Fab.*   Dans les chantiers. A. C.

PTINUS. *Linné.*

Sexpunctatus. *Panz.*   Metz. Très-rare.

Rufipes. *Fab.*   *Id.* Rare.

Ornatus. *Dahl.*   Dans les celliers.

Fuscus. *Dej.*   *Id.*

(Fur. *Fab.*   Dans les maisons. T. C.

{ var. Testaceus. *Ziegl.*   *Id.*   Assez rare.

Crenatus. *Fab.*   *Id.*   *Id.*

Germanus. *Oliv.*   Metz.

GIBBIUM. *Scopoli.*

    Scotias. *Fab.*   Dans les fourmilières.

MASTIGUS. *Hoffmansegg.*

    Palpalis. *Hoff.*   Metz. Très-rare.

SCYDMÆNIDÆ.

SCYDMAENUS. *Latreille.*

    Godartii. *Lat.*   Les détritus végétaux.

    Illigeri. *Dej.*   Fourmilières.

    Geoffroyi. *Dej.*   Les détritus végétaux.

CLAVICORNES.

——

SILPHIDÆ.

NECROPHORUS. *Fabricius.*

    (Germanicus. *Fab.*   Sous les cadavres. A. R.

    (*Id. var. minor.*   Luxembourg.

    Humator. *Fab.*   Dans les cadavres. Moins rar.

    Vespillo. *Fab.*   Les petits animaux morts C.

    Cadaverinus. *Dej.*   *Id.*   A. C.

    Basalis. *Dej.*   Dans les bois. Très-rare.

    Sepultor. *Dej.*   Assez commun.

    Vestigator. *Illig.*   Rare.

    Mortuorum. *Fab.*   Dans les champignons. Rare.

    Obrutor. *Erichs.*   Meurthe.

NECRODES. *Wilkin.*

    Littoralis. *Fab.*   Dans les cadavres. A. C.

    Lividus. *Fab.*   Metz. Bords de la Moselle.

SILPHA. *Linné.*

    Thoracica. *Fab.*   Dans les cadavres. A. C.

Rugosa. *Fab.*   Lieux humides et herbeux.
Sinuata. *Fab.*   Cadavres. Commun.
Dispar. *Illig.*   *Id.*   Rare.
Opaca. *Fab.*   Lieux sablonneux. A. R.
Quadripunctata. *Fab.*   Dans les bois. Assez commun.
Reticulata. *Fab.*   Dans les immondices.
Tristis. *Illig.*   Rare. Meurthe.
Carinata. *Illig.*   Très-rare.
Obscura. *Fab.*   Très-commun.
Lævigata. *Fab.*   Bords des eaux. Commun.
Atrata. *Fab.*   Sous les pierres. Commun.

AGYRTES. *Frœlich.*
Castaneus. *Fab.*   Sous les débris. Très-rare.

SCAPHIDIDÆ.

SCAPHIDIUM. *Fabricius.*
Quadrimaculatum. *Fab.*   Champignons. Rare.
Immaculatum. *Fab.*   *Id.*   R.
Agaricinum. *Fab.*   *Id.* dans les bois. Rare.

CATOPS. *Fabricius.*
Rufescens. *Fab.*   Sous les écorces.
Oblongus. *Lat.*   *Id.*   T. R. Meurthe.
Testaceus. *Lat.*   Sous les débris végétaux.
Tristis. *Lat.*   Dans les bolets. Rare.
Morio. *Fab.*   Verdun.
Elongatus. *Germ.*   Dans les maisons. T. R.
Chrysomeloides. *Lat.*   Sous les feuilles. Rare.
Agilis. *Fab.*   *Id.*   Commun.
Truncatus. *Fab.*   Sous les écorces. Rare.
Villosus. *Lat.*   *Id.*
Sericeus. *Fab.*   Sous les feuilles. Rare.

4

NITIDULIDÆ.

PELTIS. *Fabricius.*
    Ferruginea. *Fab.*   Sous les écorces. Rare.
THYMALUS, *Latreille.*
    Limbatus. *Fab.*   Dans les champignons. T.R.
COLOBICUS. *Latreille.*
    Marginatus. *Lat.*   Sous les écorces. T. R.
STRONGYLUS. *Herbst.*
    Glabratus. *Fab.*   Dans les champignons.
    Quadripunctatus. *Illig.*   *Id.*   Très-rare.
    Luteus. *Fab.*   Sur les fruits. Assez commun.
    Ferrugineus. *Fab.*   *Id.*   *Id.*
    Striatus. *Oliv.*   Sur les lycoperdons.
    Strigatus. *Fab.*   *Id.*   Rare.
    Imperialis. *Fab.*   *Id.*   Très-rare.
BYTURUS. *Latreille.*
    Tomentosus. *Fab.*   Dans les renoncules. C.
    Fumatus. *Fab.*   *Id.*
IPS. *Fabricius.*
    Quadripunctata. *Payk.*   Les écorces de bouleau. T.R.
    Quadripustulata. *Fab.*   Sur les troncs d'arbres.
    Quadriguttata. *Fab.*   *Id.* A. C. Vosges. T. C.
    Ferruginea. *Fab.*   Sous les écorces.
    Abbreviata. *Panz.*   *Id.*   Vosges.
NITIDULA. *Fabricius.*
    Varia, *Fab.*   Sur les fleurs. Assez rare.
    Sordida. *Fab.*   *Id.*   A. R.
    Marginata. *Fab.*   Dans les maisons.
    Limbata. *Fab.*   Dans les caves.
    Decemguttata. *Fab.*   Sous les écorces.
    Æstiva. *Fab.*   *Id.*   Commun.

Obsoleta. *Fab.*	Dans les maisons.
Quadripustulata. *Fab.*	*Id.* et sur les fleurs.
Colon. *Fab.*	Dans les celliers.
Discoides. *Fab.*	Dans les caves.
Bipustulata. *Fab.*	Très-commun partout.
Obscura. *Fab.*	Sous les écorces.
Rufipes. *Gyll.*	*Id.*
Pedicularia. *Fab.*	Sur les herbes.
Serripes. *Gyll.*	*Id.*
Convexa. *Schüpp.*	*Id.*
Tristis. *Schüpp.*	*Id.* Rare.
Ænea. *Fab.*	Sur toutes les fleurs. **T. C.**
Viridescens. *Fab.*	Sur les fleurs. **A. R.**
Dulcamaræ. *Illig.*	Les écorces près des eaux.
CERCUS. *Latreille.*	
Atratus. *Dej.*	Sur les fleurs. **A. C.**
Pulicarius. *Lat.*	*Id.* **A. C.**
Urticæ. *Fab.*	Sur les orties. **A. C.**
Rufilabris. *Lat.*	Sur les plantes marécageuses.
Testaceus. *Dej.*	Dans les bois. **A. C.**
Ferrugineus. *Dej.*	*Id.*
Bipustulatus. *Fab.*	*Id.*
Pedicularius. *Fab.*	Sur les plantes marécageuses.

ENGIDIDÆ.

ENGIS. *Fabricius.*	
Sanguinicollis. *Fab.*	Les bolets, sous les pierr. **R.**
Humeralis. *Fab.*	Sous les écorces de chêne. **R.**
Rufifrons. *Fab.*	*Id.*
CRYPTOPHAGUS. *Herbst.*	
Typhæ. *Gyll.*	Sur les plantes aquatiques.
Caricis. *Lat.*	*Id.*

Sparganii. *Sturm.*   Sur les plantes aquatiques.
Populi. *Gyll.*   Sous la mousse des arbres.
{ Cellaris. *Fab.*   Dans les maisons, les serres,
{ var. *scanicus. Fab.*   *Id.*   [les caves.]
Crenatus. *Gyll.*   *Id.*
Denticulatus. *Heer.*   Bitche.
Ipsoides. *Herbst.*   Sous les écorces. Rare.
Fasciatus. *Dej.*   *Id.*   Rare.
Mesomelas. *Payk.*   *Id.*
Bicolor. *Dej.*   Bitche.
Nigripennis. *Payk.*   Sous les écorces.
Pubescens. *Fab.*   *Id.*
Fimetarius. *Fab.*   Dans les fumiers. Commun.
Pusillus. *Payk.*   Sous les feuilles pourries.
Hirtus. *Gyll.*   Dans les caves, serres, cel-
Pilicornis. *Dej.*   *Id.*   T. R.   [liers.]
Lycoperdi. *Herbst.*   Les écorces, les champign.
ANTHEROPHAGUS. *Knoch.*
Nigricornis. *Fab.*   Sur les fleurs.
Pallens. *Fab.*   *Id.*

PTILIDÆ.

TRICHOPTERYX. *Kirby.*
Myrmicophila. *Motsch.*   Fourmilières.
PTILIUM. *Schüppel.*
Fasciculare. *Herbst.*   Sous les écorces. Rare.
Montandoni? *Allibert.*   Fourmilières.

DERMESTIDÆ.

DERMESTES. *Linné.*
Lardarius. *Fab.*   Dans les maisons. T. C.
Vulpinus. *Fab.*   Sur les cadavres. Rare.

Murinus. *Fab.*	Sous la mousse des arbres. C.
Affinis. *Gyll.*	Dans les cadavres. Rare.
Tessellatus. *Fab.*	Id. Rare.
Catta. *Panz.*	Sous les écorces. R.
Ater. *Oliv.*	Id. Commun.

ATTAGENUS. *Latreille.*

Viginliguttatus. *Fab.*	Id. Rare.
Undatus. *Fab.*	Id.
Pellio. *Fab.*	Dans les maisons. T. C.
Megatoma. *Fab.*	Id. Rare.

MEGATOMA. *Latreille.*

Serra. *Fab.*	Sous l'écorce des ormes. R.

TROGODERMA. *Latreille.*

Elongatulum. *Fab.*	Sur les fleurs. Rare.

ANTHRENUS. *Fabricius.*

Scrophulariæ. *Fab.*	Sur les plantes.
Pimpinellæ. *Fab.*	Sur les ombellifères.
Tricolor. *Herbst.*	Id.
Verbasci. *Lat.*	Id. et dans les maisons.
Museorum ? *Fab.*	Dans les collections.
Varius. *Fab.*	Dans les maisons.

ASPIDIPHORUS. *Ziegler.*

Orbiculatus. *Gyll.*	Sur les plantes. T. R.

HISTERIDÆ.

HISTER. *Linné.*

Lunatus. *Fab.*	Dans les bouses. Commun.
Terricola. *Dahl.*	Sous les feuil. dans les bois. R.
Unicolor. *Fab.*	Id. Commun.
Cadaverinus *Payk.*	Dans les fientes, les cadavres.
Merdarius. *Payk.*	Les excréments humains.

Quadrimaculatus. *Fab.*   Les bouses.
Sinuatus. *Payk.*   Sous les feuilles. Rare.
Bissexstriatus. *Payk.*   Les excréments, les bolets.
Corvinus. *Germ.*   Les champignons. Rare.
Bimaculatus. *Fab.*   Les bouses.
Duodecimstriatus. *Payk.*   *Id.*   Commun.
Purpurascens. *Fab.*   *Id.*
Carbonarius. *Payk.*   Sous les plantes pourries. R.
Stercorarius. *Payk.*   Les fumiers.
Fimetarius. *Payk.*   *Id.*
Nitidulus. *Fab.*   Les détritus. Rare.
Speculifer. *Payk.*   *Id.*
Rufipes. *Payk.*   Les fourmilières.
Æneus. *Fab.*   Les cadavres.
Conjungens. *Payk.*   *Id.*   Rare.
Metallicus. *Fab.*   *Id.*

DENDROPHILUS. *Leach.*
Rotundatus. *Fab.*   Sous les écorces Rare.
Minimus. *Dej.*   *Id.*   Rare.
Punctatus. *Payk.*   *Id.*   Très-rare.
Piceus. *Payk.*   Fourmilières.

ABRAEUS. *Leach.*
Globulus. *Payk.*   Sous les écorces.
Globosus. *Payk.*   Fourmilières.
Minutus. *Fab.*   *Id.*
Vulneratus. *Panz.*   Sous les détritus, les bolets.
Cæsus. *Fab.*   Fourmilières.

HAETERIUS. *Godet.*
Quadratus. *Payk.*   Sous les écorces. Très-rare.

ONTHOPHILUS. *Leach.*
Sulcatus. *Fab.*   Sous les détritus. Rare.
Striatus. *Fab.*   Sous les pierr. R. Vosg. A. C.

PLATYSOMA. *Leach.*
Deplanatum. *Gyll.* — Sous les écorces. Rare.
Depressum. *Fab.* — *Id.* R. Alsace. C.
Oblongum. *Fab.* — *Id.* Très-rare.
Angustatum. *Payk.* — Dans les champignons. R.
Flavicorne. *Payk.* — Sous les écorces.
Picipes. *Fab.* — *Id.* Rare.
HOLOLEPTA. *Paykull.*
Complanata. *Payk.* — Sous les écorces des chênes.
Plana. *Payk.* — *Id.* Très-rare.

THROSCIDÆ.

THROSCUS. *Latreille.*
Adstrictor. *Fab.* — Sur les fleurs tombées.

BYRRHIDÆ.

NOSODENDRON. *Latreille.*
Fasciculare. *Fab.* — Sur les fl. et les écorces R.
BYRRHUS. *Fabricius.*
Pilula. *Fab.* — Sous les pierres. Commun.
Fasciatus. *Fab.* — *Id.* et dans les bouses.
Dorsalis *Fab.* — *Id.*
Varius. *Fab.* — Sur les plantes. Rare.
Murinus. *Fab.* — *Id.*
Æneus. *Fab.* — *Id.* Très-rare.
Nitens. *Fab.* — Sur les fleurs.
Semistriatus. *Fab.* — Sous les pierres. Rare.
LIMNICHUS. *Ziegler.*
Sericeus. *Duftsch.* — *Id.* Très-rare.
TRINODES. *Latreille.*
Hirtus. *Fab.* — Dans les lieux sablonneux.

POTAMOPHILIDÆ.

GEORISSUS. *Latreille*.
    Pygmæus. *Fab*.   Sous les débris humides.

ELMIS. *Latreille*.
    Volkmari. *Mull*.   Les ruisseaux sous les pierr.
    Dargelasii. *Lat*.   *Id*.
    Æneus. *Mull*.   *Id*.   R. Vosges. A. C.
    Maugetii. *Lat*.   *Id*.   Très-rare.
    Tuberculatus. *Gyll*.   *Id*.   Rare.
    Confusus. *Lap*.   *Id*.
    Angustatus. *Mull*.   *Id*.

MACRONYCHUS. *Muller*.
    Quadrituberculatus. *Mull*.   *Id*.

POTAMOPHILUS. *Germar*.
    Acuminatus. *Fab*.   Bords de la Moselle.

PARNUS. *Fabricius*.
    Dorsalis. *Steph*.   Dans la Sarre (Sarralbe).
    Prolifericornis. *Fab*.   Sur les plantes submergées.
    Auriculatus. *Illig*.   *Id*.   Rare.
    Rufipes. *Dahl*.   Sur les plantes aquatiques.
    Dumerilii. *Lat*.   Sur les plantes submergées.

HETEROCERIDÆ.

HETEROCERUS. *Fabricius*.
    Marginatus. *Fab*.   Dans les ruisseaux.
    Hispidulus. *Kis*.   Rare. Dans la Sarre.

PALPICORNES.

SPERCHEIDÆ.

SPERCHEUS. *Kugell*.
    Emarginatus. *Schall*.   Dans la vase des marais.

HELOPHORIDÆ.

HELOPHORUS. *Fabricius.*
    Rugosus. *Oliv.* — Bords des eaux.
    Nubilus. *Fab.* — Bords des mares. Commun.
    Aquaticus. *Linn.* — Sur les plantes aquatiques. C.
    { Granularis. *Linn.* — Id. Très-commun.
    { var. *flavipes. Fab.* — Id. Assez commun.

HYDROCHUS. *Germar.*
    Brevis. *Herbst.* — Sous les pierr. des ruisseaux.
    Carinatus. *Germ.* — Sur les plantes aquatiques.
    Elongatus. *Schall.* — Id. Rare.

OCHTHEBIUS. *Leach.*
    Exsculptus. *Mull.* — Sous les pierr. des ruisseaux.
    Marinus. *Payk.* — Id. Rare.
    Pygmæus. *Fab.* — Dans la vase. Commun.
    Foveolatus. *Mull.* — Dans les ruisseaux.

HYDRAENA. *Kugelann.*
    Nigrita. *Mull.* — Id. Sous les pierres. R.
    Riparia. *Kugel.* — Sur les plantes aquatiques. C.
    Gracilis. *Mull.* — Id.
    Flavipes. *Linz.* — Id.

HYDROPHILIDÆ.

LIMNEBIUS. *Leach.*
    Truncatellus. *Thunb.* — Sur les plantes aquat. A. R.

BEROSUS. *Leach.*
    Spinosus. *Stev.* — Dans les étangs.
    Aericeps. *Curtis.* — Id. Rare.
    Luridus. *Linn.* — Les ruisseaux.
    Affinis. *Brullé.* — Id. Commun.

HYDROPHILUS. *Geoffroy.*
    Piceus. *Linn.* — Les mares, les flaques d'eau.

Hydrous. *Linné.*

    Caraboides. *Linn.*   Mares et flaques d'eau. A. C.

Hydrobius. *Leach.*

    Oblongus. *Herbst.*   *Id.*   Rare.

    Convexus. *Illig.*   *Id.*   Très.rare.

    Fuscipes. *Oliv.*   Bords des eaux. Commun.

    Bicolor. *Payk.*   Mares. Rare.

    Globulus. *Payk.*   Plantes aquatiques. A. C.

Laccobius. *Erichson.*

    Minutus. *Linn.*   Dans les mares. Commun.

Helophilus. *Mulsant.*

    Lividus. *Forst.*   *Id.*

Phillydrus. *Solier.*

    Melanocephalus. *Oliv.*   *Id.*   Commun.

    var. *testaceus. Fab.*   *Id.*

    var. *bicolor. Fab.*   *Id.*

    Marginellus. *Fab.*   *Id.*   Rare.

    var. *affinis. Payk.*   *Id.*

Cyllidium. *Erichson.*

    Seminulum. *Payk.*   Sous les mousses submergées.

SPHÆRIDIDÆ.

Cyclonotum. *Dejean.*

    Orbiculare. *Fab.*   Sous les débris végétaux.

Sphaeridium. *Fabricius.*

    Scarabæoides. *Linn.*   Dans les bouses. Commun.

    var. *lunatum. Fab.*   *Id.*   Assez rare.

    Bipustulatum. *Fab.*   *Id.*   Très-commun.

    var. *marginatum. Fab.*   *Id.*   *Id.*

    var. *substriatum. Dej.*   *Id.*

Cercyon. *Leach.*

    Obsoletum. *Gyll.*   Dans les excrém. des moutons

Hæmorrhoidale. *Fab.*	Dans le fumier.	
Hæmorrhoum. *Gyll.*	Dans les bouses. Bitche.	
Unipunctatum. *Linn.*	*Id.*	Commun.
Quisquilium. *Linn.*	*Id.*	*Id.*
Pygmæum. *Illig.*	*Id.*	et les écuries.
Aquaticum. *Steph.*	Bord des eaux, les détritus.	
Flavipes. *Fab.*	*Id.*	et le fumier.
Minutum. *Fab.*	*Id.*	et les bouses.
Lugubre. *Payk.*	*Id.*	*Id.* C.
Anale. *Payk.*	*Id.*	

MEGASTERNUM. *Mulsant.*

Boletophagum. *Erichs.*   Dans les bolets. Rare.

CRYPTOPLEURUM. *Mulsant.*

Atomarium. *Fab.*   Dans les bouses. Commun.

LAMELLICORNES.

COPRIDIDÆ.

GYMNOPLEURUS. *Illiger.*

Pilularius. *Fab.*	Les bouses sur les côteaux. C.	
Flagellatus. *Fab.*	*Id.*	Très-rare.

SISYPHUS. *Latreille.*

Schæfferi. *Linn.*   *Id.*   Très-Commun.

COPRIS. *Geoffroy.*

Lunaris. *Linn.*	*Id.*	Commun.
var. obliteratus. *Muls.*	*Id.*	*Id.*
var. corniculatus. *Muls.*	*Id.*	*Id.*

ONITICELLUS. *Ziegler.*

Flavipes. *Fab.*   *Id.*   Assez commun.

ONTHOPHAGUS. *Latreille.*

Lemur. *Fab.*	Dans les bouses. Commun.	
Nuchicornis. *Linn.*	Id.	Commun.
v. xyphias. *Fab.*	Id.	
v. trituberculatus. *Schr.*	Id.	
Fracticornis. *Preyssl.*	Id.	Commun.
Nutans. *Fab.*	Id.	Très-rare.
Cœnobita. *Herbst.*	Id.	Assez rare.
Vacca. *Linn.*	Id.	Commun.
var. affinis. *Sturm.*	Id.	Id.
var. medius. *Fab.*	Id.	Id.
Taurus. *Linn.*	Id.	Rare.
var. capra. *Fab.*	Id.	Rare.
Schreberi. *Linn.*	Id.	Assez rare.
Furcatus. *Fab.*	Id.	Assez rare.
Ovatus. *Linn.*	Id.	Commun.

*A*PHODIDÆ.

COLOBOPTERUS. *Mulsant.*

Erraticus. *Linn.*   Dans les bouses. Commun.

COPRIMORPHUS. *Mulsant.*

Scrutator. *Herbst.*   Très-rare.

EUPLEURUS. *Mulsant.*

Subterraneus. *Linn.*   Très-commun.

OTOPHORUS. *Mulsant.*

Hæmorrhoïdalis. *Linn.*   Assez commun.

TEUCHESTES. *Mulsant.*

Fossor. *Linn.*   Les paturages, les bouses.

var. sylvaticus. *Ahrens.*   Id.

APHODIUS. *Illiger.*

Scybalarius. *Fab.*   Dans les bouses. Assez com.

Fœtens. *Fab.*   Id.   Rare.

Fimetarius. *Linn.*	Dans les bouses. **T. C.**	
{ Ater. *Degéer.*	*Id.*	Assez rare.
{ var. *terrestris. Fab.*	*Id.*	Rare.
Granarius. *Linn.*	*Id.* Sous les détritus. **C.**	
Bimaculatus. *Fab.*	*Id.* Sous les cadavres.	
Plagiatus. *Linn.*	*Id.*	Rare.
Quadrimaculatus. *Linn.*	*Id.*	Rare.
Tristis. *Panz.*	*Id.*	Assez rare.
Pusillus. *Herbst.*	*Id.*	Rare.
} Sordidus. *Fab.*	*Id.*	Rare.
{ var. *rufescens. Fab.*	*Id.*	
Lugens. *Creutz.*	Les excréments de moutons.	
Immundus. *Creutz.*	Dans les bouses. Commun.	
Nitidulus. *Fab.*	*Id.*	Assez commun.
Merdarius. *Fab.*	*Id.*	Très-commun.
Lividus. *Oliv.*	*Id.*	
Melanostictus. *Schüpp.*	*Id.*	Rare
Inquinatus. *Herbst.*	*Id.*	
Pictus. *Sturm.*	*Id.*	Rare.
Tessulatus. *Creutz.*	*Id.*	Assez rare.
Sticticus. *Panz.*	Dans les bois.	
Consputus. *Creutz.*	Dans les bouses. Rare.	
Quadriguttatus. *Herbst.*	*Id.*	
Porcus. *Fab.*	*Id.*	
ACROSSUS. *Mulsant.*		
{ Rufipes. *Linn.*	*Id.*	Commun.
{ var. *oblongus. Scop.*	*Id.*	Très-commun.
{ Luridus. *Fab.*	*Id.*	**T.-C.**
{ var. *gagatinus. Fourc.*	*Id.*	**T.-C.**
Pecari. *Fab.*	*Id.*	Rare.
MELINOPTERUS. *Mulsant.*		
Prodromus. *Brahm.*	*Id.*	Commun.

TRICHONOTUS. *Mulsant.*
    Scropha. *Fab.*   Dans les bouses.
    Contaminatus. *Herbst.*   *Id.*   Rare.
HEPTAULACUS. *Mulsant.*
    Sus. *Herbst.*   *Id.*   Commun.
    Testudinarius. *Fab.*   *Id.*   *Id.*
PLAGIOGONUS. *Mulsant.*
    Arenarius. *Oliv.*   Dans les lieux sablonneux.
OXYOMUS. *Eschscholtz.*
    Porcatus. *Fab.*   Débris au bord des eaux.
PLEUROPHORUS. *Mulsant.*
    Cæsus. *Panz.*   Lieux sablonneux.
RHYSSEMUS. *Mulsant.*
    Asper. *Fab.*   Bords des eaux sous les débr.
DIASTICTUS. *Mulsant.*
    Sabuleti. *Payk.*   Lieux arides.
PSAMMODIUS. *Gyllenhal.*
    Sulcicollis. *Illig.*   Metz ; rare. Vosges. A. C.

TROGIDÆ.

TROX. *Fabricius.*
    Cadaverinus. *Illig.*   Dans les prés sablonneux. R.
    Perlatus. *Scriba.*   Dans les sables. Rare.
    Hispidus. *Leach.*   *Id.*   Commun.
    Sabulosus. *Linn.*   *Id.* et sous les cadav. C.
    Scaber. *Linn.*   Lieux arides.

GEOTRUPIDÆ.

BOLBOCERAS. *Kirby.*
    Mobilicornis. *Fab.*   Champs de trèfle. Rare.
CERATOPHYUS. *Fischer.*
    { Typhœus. *Linn.*   Bouses, dans les bois.
    { var. pumilus. *Marsh.*   *Id.*

Geotrupes. *Latreille*
- Stercorarius. *Linn.*   Bouses. Très-commun.
- Hypocrita. *Schneid.*   Metz. Rare. Meurthe.
- Sylvaticus. *Panz.*   Id   R. Vosges. T.-C.
- Vernalis. *Linn.*   Id.   C.   Id.   R.

ORYCTIDÆ.

Oryctes. *Illiger.*
- Nasicornis. *Linn.*   Couches à melons, Rare.

MELOLONTHIDÆ.

Melolontha. *Fabricius.*
- Fullo. *Linn.*   Metz. Très-rare.
- Vulgaris. *Fab.*   Très- commun.
- var. *ruficollis. Muls.* Assez rare.
- Hippocastani. *Fab.* Dans les bois. Assez rare.

Rhizothrogus. *Latreille.*
- Æstivus. *Oliv.*   Commun le soir.

Amphimallon. *Latreille.*
- Ater. *Herbst.*   Dans les bois. Commun.
- Solstitialis. *Linn.* Commun partout.
- Rufescens. *Lat.*   Id.
- Marginatus. *Herbst.* Dans les champs arides.

Serica. *Mac-Leay.*
- Brunnea. *Linn.*   Bords de la Moselle. Rare.

Omaloplia. *Stephens.*
- Holosericea. *Scop.*   Id.   Rare.

Brachyphylla. *Mulsant.*
- Ruricola. *Fab.*   Dans les prés. Commun.
- var. *humeralis. Fab.* Sur les côtes, dans les bois.

Euchlora. *Mac-Leay.*
- Julii. *Duftsch.*   Sur les saules. A. C.
- var. *Frischii. Fab.*   Id.

Vitis. *Fab.*   Vosges. Alsace.

ANISOPLIA. *Megerle.*

Austriaca. *Herbst.*   Dans les moissons.

Agricola. *Herbst.*   Dans les prés.

Arvicola. *Fab.*   *Id.* et sur les peupliers.

     var. *funerea. Muls.*   *Id.* Assez rare.

     var. *lœta. Muls.*   *Id.* Commun.

PHYLLOPERTHA. *Kirby.*

Horticola. *Linn.*   Dans les vergers. T. C.

     var. *ustulatipennis.Villa.*   *Id.* A. C.

DECAMERA. *Mulsant.*

Pulverulenta. *Fab.*   Sur le sable, bois.

Praticola. *Duftsch.*   Sur les graminées. Rare.

TRICHIIDÆ.

VALGUS. *Scriba.*

Hemipterus. *Linn.*   Sur les sureaux. Mâle, rare.

OSMODERMA. *Serville.*

Eremita. *Scop.*   Dans les troncs de saules.

GNORIMUS. *Serville.*

Variabilis. *Linn.*   Sur les chênes. Très-rare.

Nobilis. *Linn.*   Le sureau et les ombellifères.

TRICHIUS. *Fab.*

Fasciatus. *Linn.*   Sur les fleurs. A. R. Vosges.

Gallicus. *Dej.*   Sur les fleurs. A. C.

CETONIDÆ.

CETONIA. *Illiger.*

Speciosissima. *Scop.*   Metz; très-rare. Bouzonville.

Obscura. *Andersch.*   Sur les fleurs. Commun.

Ænea. *Andersch.*   Les fleurs, les fourmilières.

     var. *albiguttata. Muls.*   *Id.,* id.

Marmorata. *Fab.*   Les chardons, les vieux arbr.

⎧ Aurata. *Linn.*   Sur les fleurs. **T. C.**
⎨   var. *piligera. Ziegl.*   *Id.*   Très-commun.
⎩   var. *lucidula. Ziegl.*   *Id.*   Rare.

OXYTHYREA. *Mulsant.*

Stictica. *Linn.*   Très-commun.

EPICOMETIS. *Burm.*

Hirtella. *Linn.*   Sur les fleurs. Rare.

LUCANIDÆ.

LUCANUS. *Scop.*

⎧ Cervus. *Linn.*   Dans les forêts. Sarreg. Vosg
⎨ var. *microcephalus Muls.*   *Id.*
⎩ var. *dorcas. Panz.*   Thiaucourt. Assez rare.

DORCUS. *Mac-Leay.*

Parallelipipedus. *Linn.*   Dans les forêts. Rare.

PLATYCERUS. *Geoffroy.*

⎧ Caraboides. *Linn.*   Dans les bois. Commun.
⎨ var. *rufipes. Fab.*   *Id.*

SINODENDRÆ.

SINODENDRON. *Fabricius.*

Cylindricum. *Linn.*   Sur les poiriers. Très-rare.

ÆSALIDÆ.

ÆSALUS. *Fabricius.*

Scarabæoides. *Creutz.*   ? Département de la Moselle.

MÉLASOMES.

—

ASIDIDÆ.

ASIDA. *Latreille.*

Grisea. *Fab.*   Lieux arides sous les pierres.

BLAPSIDÆ.

BLAPS. *Fabricius.*

    Mortisaga. *Linn.*   Sarralbe. Très-rare.

    Obtusa. *Fab.*   Lieux obscurs. C. (Vit en soc.)

    Fatidica. *Creutz.*   *Id.,*   *id.,*   *id.*

PEDINIDÆ.

PEDINUS. *Latreille.*

    Femoralis. *Linn.*   S.-Avold. Lieux arides. T. R.

OPATRIDÆ.

OPATRUM. *Fabricius.*

    Sabulosum. *Linn.*   Lieux arides. Très-commun.

MICROZOUM. *Dejean.*

    Tibiale. *Fab.*   *Id.* T. R. Sous les pierres.

CRYPTICUS. *Latreille.*

    Quisquilius. *Linn., Glab., Dej., Cat.* Sous les détritus. R.

TAXICORNES.

—

BOLITHOPHAGIDÆ. *

ENDOPHLOEUS. *Dejean.*

    Spinulosus. *Lat.*   Vosges. Très-rare.

BOLITHOPHAGUS. *Fabricius.*

    Agricola. *Fab.*   Les champign. Phalsbourg.

    Reticulata. *Linn.*   Metz. Très-rare.

---

* Les genres Pentaphyllus, Tetrama, Leiodes et Anisotoma font partie de ce groupe dans le catalogue Dejean. Cependant, nous préférons placer les deux premiers dans les Xylophages et les deux autres à la fin des Chrysomélines près des Triplax.

DIAPERIDÆ.

DIAPERIS. *Geoffroy.*
    Boleti. *Linn.*   En société dans les bolets. C.
NEOMIDA. *Ziegler.*
    Violacea. *Fab.*   Dans les troncs d'arbres. T.R
    Bicolor. *Fab.*   Très-rare.
    Bituberculatus. *Oliv.*   Sarreguemines. Très-rare.

ULOMIDÆ.

HYPOPHLOEUS. *Hellwig.*
    Castaneus. *Fab.*   Sous les écorces. Phalsbourg.
    Bicolor. *Fab.*   *Id.* et dans les détrit. Bitch,
    Depressus. *Hellw.*   *Id.* Très-rare. Metz.

TENEBRIONITES.

—

MELANDRYIDÆ.

EUSTROPHUS. *Illiger.*
    Dermestoides. *Hellw.* Dans les trous d'arbres. T. R.
ORCHESIA. *Latreille.*
    Micans. *Illig.*   Vosges.
MELANDRYA. *Fabricius.*
    Caraboides. *Linn.* (Serrata. *Fab.*) Dans les vieux saules.

TENEBRIONIDÆ.

TENEBRIO. *Linné.*
    Obscurus. *Fab.*   Lieux obscurs des maisons.
    Molitor. *Linn.*   *Id.,*   *id.*

HÉLOPIENS.

—

HELOPIDÆ.

HELOPS. *Fabricius.*

Lanipes. *Linn.*   Sous les pierres.
Caraboides *Panz.*   Dans les vieux saules.

CISTELIDÆ.

MYCETOCHARES. *Latreille.*
    Jobaei. *Gaubil. N. sp.?*   Metz et Phalsbourg. T. R.
    Barbata. *Lat.*   Sous les écorces.
OMOPHLUS. *Megerle.*
    Pallidipennis. *Meg.*   Metz. Rare.
CISTELA. *Fabricius.*
    Ceramboides. *Linn.*   Sur les saules.
    Atra. *Linn.*   Dans les troncs d'arbres. R.
    Fulvipes. *Fab.*   Sur les fleurs.
    Rufipes. *Fab.*   *Id.*   Rare.
    Sulphurea. *Linn.*   En fauchant.
    Bicolor. *Fab.*   *Id.*   Très-rare.
    Murina. *Linn.*   Sous les détritus.
    Fusca. *Panz.*   Metz. Briey. Rare.

TRACHÉLYDES.

—

LAGRIIDÆ.

LAGRIA. *Fabricius.*
    Pubescens. *Linn.*   Sur les jeunes chênes.
    ? Hirta. *Linn.*   *Id.*

PYROCHROIDÆ.

PYROCHROA. *Fabricius.*
    Coccinea. *Linn.*   Sur les plantes dans les bois.
    Rubens. *Schall.*   Sur les saules.

ANTHICIDÆ.

MONOCERUS. *Dejean.*

Monoceros. *Linn.*	Sous les détritus et les pierres.
Rhinoceros. *Fab.*	*Id.* Rare.

ANTHICUS. *Fabricius.*

Antherinus. *Linn.*	Sous les détritus. C.
Floralis. *Linn.*	Sur les plantes.
Gracilis. *Kugell.*	En fauchant.
Pedestris. *Rossi.*	*Id.*
Salinarius. *N. sp. Gaubil.*	Phalsbourg et Marsal.

MORDELLIDÆ.

MORDELA. *Fabricius.*

Fasciata. *Fab.*	Sur les fleurs d'ombellifères.
Aculeata. *Linn.*	*Id. id.*
Abdominalis. *Fab.*	Dans les détritus.
Variegata. *Fab.*	Sur les fleurs du sureau.
Brunnea. *Fab.*	En fauchant.

ANASPIS. *Geoffroy.*

Frontalis. *Linn.*	Sur les ombellifères.
Rufilabris. *Sturm.*	*Id.* Très-rare.
Nigra. *Meg.*	En fauchant.
Flava. *Linn.*	*Id.*
Maculata. *Geoff.*	Sous les détritus. Rare.
Bicolor. *Oliv.*	En fauchant. Très-rare.
Humeralis. *Fab.*	*Id.*
Ruficollis. *Fab.*	*Id.* Rare.
Collaris. *Dej.*	Sur les roses.
Thoracica. *Linn.*	*Id.* Très-rare.

VÉSICANTS.

—

MELOEIDÆ.

MELOE. *Linné.*

Proscarabœus. *Linn.*	Au printemps dans les prés.
Gallicus. *Dej.*	Id. Rare.
Cyaneus. *Fab.*	Id. Rare.
Autumnalis. *Oliv.*	Sur les coteaux pendant l'été.
Brevicollis. *Hellw.*	Id. au printemps.
Majalis. *Linn.*	Vosges et Sarreguemines. R.

MYLABRIDÆ.

MYLABRIS. *Fabricius.*

Variabilis. *Pall. Oliv.*   Vosges et Verdun. Rare.

CEROCOMA. *Geoffroy.*

Schafferi. *Linn.*   Sur les chênes. Rare.

CANTHARIDÆ.

LYTTA. *Fabricius.*

Vesicatoriæ. *Linn.*   Par essaims sur les frènes.

SITARIS. *Latreille*

Thoracica. *Dej.*   En fauchant. Très-rare.

STÉNÉLYTRES.

—

OEDEMERIDÆ.

ASCLERA. *Dejean.*

Sanguinicollis. *Fab.*   Sur les ombellifères.

Cœrulea. *Linn.*   Id.

ANONCODES. *Dejean.*

Ustulata. *Fab.*	Sarralbe. Très-rare.
Melanocephala. *Fab.*	Metz.

OEDEMERA. *Olivier.*

Podagrariæ. *Linn.*	Sur les ombellifères. A. C.
Cœrulea. *Linn.*	Sur les chrysanthèmes.
Flavipes. *Fab.*	En fauchant. Rare.
Virescens. *Linn.*	Sur les fleurs.
Lurida. *March.*	Id.

MYCTERIDÆ.

SALPINGUS. *Gyllenhal.*

Quadriguttatus. *Lat.*	En fauchant. Rare.

RHINOSIMUS. *Latreille.*

Planirostris. *Fab.*	Dieuze, Saint-Avold, Briey.
Ruficollis. *Panz.*	En fauchant.
Roboris. *Fab.*	Sous les écorces. T. R. Bitch.

CURCULIONITES.

—

BRUCHIDÆ.

BRUCHUS. *Linné.*

Biguttatus. *Oliv.*	En fauchant. Très-rare.
Variegatus, *Dej.*	Vosges.
Marginellus. *Fab.*	Metz. En fauchant.
Varius. *Oliv.*	Id.
Imbricornis. *Panz.*	Id.
Pusillus. *Meg.*	Id.
Canus. *Germ.*	Id.
Pisi. *Linn.*	Id.

Rufimanus. *Schœnh.*	Metz.
Nubilus. *Dej.*	*Id.*
Granarius. *Linn.*	En râclant les troncs d'arbres.
Signaticornis. *Dej.*	*Id.* *id.* T. R.
Luteicornis. *Hellw.*	En fauchant.
Loti. *Payk.*	*Id.*
Cisti. *Fab.*	*Id.*
Seminarius. *Linn.*	Sous les détritus.
Alni. *Fab.*	En fauchant.
SPERMOPHAGUS. *Stéven.*	
Cardui. *Stév.*	Metz. Sous les détritus.

ANTHRIBIDÆ.

URODON. *Schœnherr.*	
Rufipes. *Fab.*	En fauchant.
Pygmeus. *Hoffm.*	Vosges.
Suturalis. *Linn.*	En secouant les arbres.
ANTHRIBUS. *Geoffroy.*	
Albinus. *Linn.*	Dans les bûcheries. Rare.
BRACHYTARSUS. *Schœnherr.*	
Scabrosus. *Fab.*	Metz.
Varius. *Fab.*	*Id.*
TROPIDERES. *Schœnherr.*	
Albirostris. *Herbst.*	Metz. Rare.
Niveirostris. *Fab.*	Étain, St-Avold, Sarreguem.
PLATYRHINUS. *Clairville.*	
Latirostris. *Fab.*	Phalsbourg. Rare.

ATTELABIDÆ.

APODERUS. *Olivier.*	
Coryli. *Linn.*	Sur les jeunes trembles.
ATTELABUS. *Linné.*	
Curculionoides. *Linn.*	Sur les jeunes chênes.

RHYNCHITES. *Herbst.*

Bacchus. *Linn.*	Sur la vigne. Rare.
Cœruleocephalus. *Schall.*	Briey.
Æquatus. *Linn.*	Sur les jeunes chênes.
Cupreus. *Linn.*	Metz. Rare.
Metallicus. *Dej.*	Id.
Obscurus. *Meg.*	Vosges.
Conicus. *Illig.*	Sur les pommiers en fleurs.
Pauxillus. *Germ.*	Metz. T. C. Sous les détritus.
Minutus. *Herbst.*	En fauchant.
Fragariœ. *Sturm.*	Id.
Populi. *Linn.*	Sur le popelus tremulœ. T. C.
Betuleti. *Fab.*	Metz. Rare.
Pubescens. *Fab.*	Vosges.
Cavifrons. *Chev.*	Étain. Très-rare.
Comatus. *Dej.*	Meurthe.
Betulœ. *Linn.*	Sous les détritus. T. C.

RHINOMACER. *Fabricius.*

Attelaboides. *Fab.*	Vosges.

APION. *Herbst.*

Pomonœ. *Fab.*	Metz. En fauchant. A. R.
Cracœ. *Linn.*	Id.
Subulatum. *Kirb.*	Pont-à-Mousson. Commun.
Vicinum. *Kirb.*	Vosges.
Atomarium. *Kirb.*	Briey, Sarreguemines. R.
Penetrans. *Germ.*	Saint-Avold.
Tenue. *Kirb.*	Sur la luzerne. T. C.
Morio. *Germ.*	Id. Rare.
OEneum. *Fab.*	Sous la mousse des arb. T. C.
Radiolus. *Kirb.*	Metz.
Onopordi. *Kirb.*	Id.
Gibbirostre. *Gyll.*	Id. Très-rare.

Recticorne. *Dej.*	Vosges.
Setiferum. *Schœnh.*	En fauchant. Assez rare.
Aciculare. *Germ.*	Dans les détritus.
Albicans. *Dej.*	Bitche.
Pallipes. *Kirb.*	Sarreguemines.
Fuscirostre. *Fab.*	Metz. Assez commun.
Difficile. *Herbst.*	Sarrebruck. Rare.
Rufirostre. *Fab.*	Metz.
Fulvofermoratum. *Dej.*	Id.
Flavofermoratum. *Herbst.*	Sous la mousse des arbres.
Malvæ. *Fab.*	Metz. ·
Vernale. *Fab.*	Id.
Viciæ. *Payk.*	Id.
Varipes. *Germ.*	Meurthe, Vosges. C. Metz.
Apricans. *Herbst.*	En fauchant. T. C.
Ononidis. *Gyll.*	Id.
Flavipes. *Fab.*	Étain.
Æstivum. *Germ.*	Sarreguemines.
Assimile. *Gyll.*	Metz.
Columbinum. *Germ.*	Boulay, Bouzonville.
Nigritarse. *Kirb.*	Metz.
Miniatum. *Schœnh.*	Id.
Hæmatodes. *Sturm.*	Id.
Frumentarium. *Linn.*	Id. A. C. Sous les pierres.
Sanguineum. *De G.*	Id. Rare.
Gyllenhalii. *Kirb.*	En fauchant.
Seniculus. *Kirb.*	Id. Très-commun.
Civicum. *Germ.*	Metz.
Foraminosum. *Germ.*	Id. Très-rare.
Superciliosum. *Gyll.*	Id. C. en fauchant.
Tubiferum. *Dej.*	Id. id.
Ebeninum. *Kirb.*	Id.

Ervi. *Kirb.*   Briey.

Loti. *Kirb.*   Boulay.

Kirbii? *Germ.* (*aut. N. sp.*) Metz. Rare.

Meliloti. *Kirb.*   Metz. Vosges.

Reflexum. *Schœnh.*   Meurthe.

Virens. *Herbst.*   *Id.*

Punctigerum. *Germ.*   Metz. Sur la luzerne.

OEthiops. *Herbst.*   *Id.* Rare.

Translatitum. *Schœnh.*   *Id.* en fauchant.

Livescerum. *Schœnh.*   *Id.*

Astragali. *Payk.*   *Id.*

Elegantulum. *Germ.*   *Id.* Assez rare.

Vorax. *Herbst.*   Vosges.

Pisi. *Meg.*   Metz.

Sorbi. *Herbst.*   *Id.*

Atratulum. *Kirb.*   *Id.*

Humile. *Germ.*   *Id.* Très-commun.

Minimum. *Herbst.*   *Id.*

Violaceum. *Kirb.*   *Id.* Boulay.

Marchicum. *Herbst.*   *Id.*

Angustatum. *Dej.*   Vosges. A. C. Metz. A. R.

RHAMPHUS. *Clairville.*

Flavicornis. *Clairv.*   Metz. Assez rare.

BRACHYDERIDÆ.

CNEORHINUS. *Schœnherr.*

Geminatus. *Fab.*   Metz. Sous les pierres. A. R.

Exaratus. *Marsh.*   Étain. Rare.

STROPHOSOMUS. *Bilberg.*

Coryli. *Fab.*   Metz. C. Sous les pierres et
                               sous la mousse.

Affinis. *Dej.*   *Id.* Dans les lieux arides.

Globatus. *Sturm.*	Boulay.
Faber. *Herbst.*	Metz. Assez commun.
Oxyops. *Chevr.*	Id. Vosges.
Squamulatus. *Herbst.*	Id. Rare.
Comatus. *Dej.*	Sarreguemines.
Hispidus. *Schœnh.*	Vosges et Longwy.
SCIAPHILUS. *Schœnherr.*	
Muricatus. *Fab.*	Vosges.
BRACHYDERES. *Schœnherr.*	
Incanus. *Linn.*	Phalsbourg.
Pubescens. *Dej.*	Metz. Rare.
EUSOMUS. *Germar.*	
Ovulum. *Illig.*	Metz. Sous les pierres. C.
TANYMECHUS. *Germar.*	
Palliatus. *Fab.*	Metz. Commun.
SITONES. *Schœnherr.*	
Griseus. *Fab.*	Metz. Assez commun.
? Gressorius. *Fab.*	Id. Très-commun.
Regensteinensis. *Herbst.*	Id. Sous la mousse. T. C.
Globulicollis. *Schœnh.*	Id. Sous les détritus.
Tibialis. *Herbst.*	Vosges.
Sulcifrons. *Thalb.*	Metz. Sous les feuilles.
Crinitus. *Oliv.*	Id. En secouant les arbres.
8 – Punctatus. *Germ.*	Id. Assez rare.
Promptus. *Schœnh.*	En fauchant. Assez rare.
Lepidicollis. *Schœnh.*	Phalsbourg.
Crinifrons. *Schœnh.*	Briey.
Lineatus. *Linn.*	Sous les feuilles sèches. A. C.
Hispidulus. *Fab.*	Metz.
Pisi. *Steph.*	Id. Rare.
CHLOROPHANUS. *Dalman.*	
Viridis. *Linn.*	Pont-à-Mousson. Metz. T. R.

POLYDROSUS. *Germar.*

Undatus. *Fab.*	Metz. Très-rare.
Planifrons. *Dej.*	Sur les coudriers.
Impressifrons. *Dej.*	En secouant les arbres.
Flavipes. *De Geer.*	Id. id.
Pterygomalis. *Schœnh.*	Id. id. Rare.
Flavovirens. *Schœnh.*	Metz. Assez commun.
Cervinus. *Linn.*	Id. Rare.
Chrysomela. *Oliv.*	Vosges.
Picus. *Fab.*	Briey. Très-rare.
Sericeus. *Schall.*	Sur les plantes. Commun.
Micans. *Fab.*	Id. Assez rare.

METALLITES. *Schœnherr.*

Mollis. *Germ.*	Sur les orties. Assez rare.
Atomarius. *Oliv.*	Metz.
Ambiguus. *Schœnh.*	Id. T. C. En fauchant.

CLEONIDÆ.

CLEONUS. *Schœnherr.*

Marmoratus. *Fab.*	Metz. T. R. Vosges.
Nebulosus. *Linn.*	Sarreguemines. T. R.
Ophthalmicus. *Rossi.*	Sous les pierres dans les lieux
Obliquus. *Fab.*	Id. id. [arides.]
Excoriatus. *Illig.*	Id. id.
Grammicus. *Panz.*	Vosges. Assez rare.
Cinereus. *Fab.*	Sous les pierres.
Alternans. *Hellw.*	Id. Très-rare.
Palmatus. *Oliv.*	Vosges. A. C. Metz. R.
Sulcirostris. *Linn.*	Sous les pierres et sur les char-
Brevirostris. *Dej.*	Metz. A. R. [dons. C.]
Albidus. *Fab.*	Dans les chantiers de bois. T. R

GRONOPS. *Schœnherr.*
     Lunatus. *Fab.*   Metz. Très-rare.
ALOPHUS. *Schœnherr.*
     3 – guttatus. *Fab.*   Sur les plantes. T. C.
LIOPHLOEUS. *Germar.*
     Nubilus. *Fab.*   Sur les orties. A. C.
BARYNOTUS. *Germar.*
     Margaritaceus. *Germ.*   Sur les plantes. Assez rare.
     Obscurus. *Fab.*   Sous les pierres.
     Mœrens. *Fab.*   Vosges. Assez rare.
     Alternans.   Metz. Rare.
TROPIPHORUS. *Schœnherr.*
     Mercurialis. *Fab.*   En fauchant, dans les haies. R.
MINYOPS. *Schœnherr.*
     Variolosus. *Fab.*   Dans les lieux arides. C.
     Carinatus.   Vosges. Metz.

HYLOBIIDÆ.

LEPYRUS. *Germar.*
     Colon. *Fab.*   Sous les pierres. Commun.
     Binotatus. *Fab.*   Sur les plantes. Commun.
TANYSPHYRUS. *Germar,*
     Lemnœ. *Fab.*   Metz. T. R. Sur les plantes aq.
HYLOBIUS. *Schœnherr.*
     Pineti. *Fab.*   Vosges. Rare.
     Abietis. *Linn.*   *Id.*   C. Metz. A. R.
     Fatuus. *Rossi.*   Sarreguemines.
MOLYTES. *Schœnherr.*
     Coronatus. *Lat.*   Metz. T. R. Vosges. T. C.
     Germanus. *Linn.*   *Id.*   Assez commun.
ANISORHYNCHUS. *Schœnherr.*
     Bajulus. *Oliv.*   Metz. Rare. Lieux arides.

LEIOSOMUS. *Kirby.*

    Ovatulus. *Clairv.*   Bitche.

    Cribrum. *Meg.*   Meurthe. Rare.

PLINTHUS. *Germar.*

    Caliginosus. *Fab.*   Sur les arbres. Rare.

PHYTONOMUS. *Schœnherr.*

    Punctatus *Fab.*   Sur les haies. Rare.

    Fasciculatus. *Fab.*   Sous les pierres. Rare.

    Lateralis. *Dej.*   Vosges. Metz. Rare.

    Contaminatus. *Herbst.*

    Rumicis. *Linn.*   Sarreguemines.

    Pollux. *Fab.*   Metz.

    Suspiciosus. *Herbst.*   Sous la mousse. A. C.

    Viciæ. *Gyll.*   *Id.*   Rare.

    Plantaginis. *De Geer.*   *Id.*

    Murinus. *Fab.*   En fauchant. Commun.

    Variabilis. *Herbst.*   Metz. Très-commun.

    Polygoni. *Linn.*   *Id.* Rare.

    Meles. *Fab.*   *Id.* En fauchant. A. C.

    Griseus. *Dej.*   *Id.* Sarreguemines.

    Posticus. *Gyll.*   Saint-Avold.

    Constans. *Ziegl.*   Metz. En fauchant.

    Nigrirostri. *Fab.*   *Id.* Très-commun.

CONIATES. *Germar.*

    Repandus. *Fab.*   Meurthe, Metz. Très-rare.

PHYLLOBIIDÆ.

PHYLLOBIUS. *Schœnherr.*

    Calcaratus. *Fab.*   Metz. Vosges. Rare.

    Atrovirens. *Schœnh.*   Boulay. Rare.

    Pyri. *Linn.*   Vosges.

    Pomaceus. *Schœnh.*   Metz.

Argentatus. *Linn*.	*Id*. En fauchant.
Maculicornis. *Germ*.	Meurthe.
Oblongus. *Linn*.	Sur les arbres. Très-commun.
Mus. *Fab*.	Vosges.
Sinuatus. *Fab*.	Metz. Très-rare.
Vespertinus *Fab*.	*Id*. Très-commun.
Betulæ. *Fab*.	Vosges. Briey.
Uniformis. *Marsh*.	Metz. Rare.
? Pomonæ. *Oliv*.	*Id*. sur le coudrier. C.
Mayllei. *Schœnh*.	Metz. Rare.

CYCLOMIDÆ.

TRACHYPHLOEUS. *Germar*.

Scabriculus. *Linn*.	Vosges. Très-rare.
Setarius. *Schœnh*.	Bitche et Boulay.
Spinimanus. *Germ*.	Metz. En fauchant.
Sordidus. *Dej*.	Vosges.
Alternans. *Schœnh*.	Metz. Rare.

OMIAS. *Germar*.

Rotundatus. *Fab*.	Metz. En fauchant et sous la
Hirsutulus. *Fab*.	Bitche. Metz. R. ⌈mousse.
Brunnipes. *Oliv*.	Metz.
Mollicomus. *Ahr*.	*Id*.
Pellucidus. *Chevr*.	Briey. Boulay.

PERITELUS. *Germar*.

Griseus. *Oliv*.	Sous les feuilles et la mousse.
Rusticus. *Chev*.	Vosges.
Canus. *Dej*.	Etain.

OTIORHYNCHIDÆ.

OTIORHYNCHUS. *Germar*.

Niger. *Fab*.	Sarrebruck. Rare.

Fuscipes. *Oliv.*	Vosges. Commun.
Tenebricosus. *Herbst.*	Sarralbe. Très-rare.
Substriatus. *Schœnh.*	Vosges. Com. Metz. T. R.
Scabripennis. *Schœnh.*	*Id.*
Scabrosus. *Marsh.*	*Id.* Rare.
Unicolor. *Herbst.*	*Id.* Bitche.
Clavipes. *Peir.*	Sarreguemines.
Picipes. *Fab.*	Metz. Commun.
Raucus. *Fab.*	*Id.* Sous les pierres. T. R.
Septentrionis. *Herbst.*	Vosges.
Porcatus. *Herbst.*	Metz. Commun.
Rufipes. *Dej.*	Boulay.
Ligustici. *Linn.*	Metz. Sur les orties.
Pulvereus. *Dej.*	Vosges.
Ovatus. *Linn.*	Metz. Assez commun.

ERIRHINIDÆ.

LIXUS. *Fabricius.*

Paraplecticus. *Linn.*	Metz. Rare. Sur les chardons.
Patruelis. *Dej.*	Vosges. Rare.
Cylindricus. *Fab.*	Sarreguemines.
Ascanii. *Linn.*	Metz. Sous les pierres.
Acutus. *Dej.*	Meurthe.
Pumilus. *Dej.*	Boulay.
Miagri. *Oliv.*	Sarreguemines.
Augustatus. *Fab.*	Metz. Sur les chardons.
Spartii. *Oliv.*	Lieux arides. Rare.
Bicolor. *Oliv.*	Metz. Très-rare.
Filiformis. *Fab.*	Metz. Vosges.

LARINUS. *Schœppel.*

Sturnus. *Schall.*	Meurthe.

6

Jaceæ. *Fab.* — Sur les chardons.
Carlinæ. *Oliv.* — *Id.* Rare.

RHINOCYLLUS. *Germar.*
Latirostris. *Lat.* — Sur les chardons.
Olivieri. *Meg.* — *Id.*

PISSODES. *Germar.*
Pini. *Linn.* — Metz. Bitche.
Notatus. *Fab.* — Vosges.
Validirostris. *Gyll.* — *Id.* Metz. Très-rare.

MAGDALINUS. *Germar.*
Violaceus. *Linn.* — Metz. Très-rare.
Frontalis. *Gyll.* — *Id.* Bitche.
Duplicatus. *Germ.* — Boulay.
Cerasi. *Linn.* — Metz. Assez commun.
Stygius. *Gyll.* — Meurthe.
Atramentarius. *Germ.* — Metz.
Barbicornis. *Lat.* — Metz.
Pruni. *Linn.* — *Id.*

ERIRHINUS. *Schœnherr.*
Bimaculatus. *Fab.* — Metz.
Scirpi. *Fab.* — *Id.* Vosges. Meurthe T. R.
Nereis. *Payk.* — *Id.* En fauchant.
Capreæ. *Chev.* — *Id.*
Biplagiatus. *Schœnh.* — En fauchant. Assez rare.
Acridulus. *Linn.* — Sous la mousse. A. C.
Festucæ. *Herbst.* — *Id.* Rare.
Scyrrhosus. *Schœnh.* — Sarreguemines.
Vorax. *Fab.* — Metz. Assez commun.
Tremulæ. *Payk.* — *Id.* Rare.
Variegatus. *Megerl.* — *Id.* Vosges.
Costirostris. *Schœnh.* — Briey.
Validirostris. *Schœnh.* — Metz.

Tæniatus. *Fab.*   Metz.

Majalis. *Payk.*   Id.

Villosulus. *Megerl.*   Vosges.

Tortrix. *Linn.*   Metz.

Dorsalis. *Fab.*   Id.

Silbermannii. *Ott.*   Lunéville et Forbach.

GRYPIDIUS. *Schœnherr.*

Equiseti. *Fab.*   Metz. A. R. En secouant les

Brunnirostris. *Fab.*   Id.   Id.   [arbres.

HYDRONOMUS. *Schœnherr.*

Alismatis. *Marsh.*   Meurthe et Vosges. T. R.

ELLESCUS. *Megerle.*   [la Moselle.]

Bipunctatus. *Linn.*   Metz. Dans les alluvions de

LIGNYODES. *Schœnherr.*

Enucleator. *Panz.*   Forbach.

BRACHONYX. *Schœnherr.*

Indigena. *Herbst.*   Vosges.

ANTHONOMUS. *Germar.*

Ulmi. *De Geer.*   Metz. Rare.

Pedicularius. *Linn.*   Vosges.

Pomorum. *Linn.*   Metz.

Pubescens. *Payk.*   Id. Briey.

Varians. *Payk.*   Id. Rare.

Melanocephalus. *Fab.*   Id. Sarreguemines.

Sorbi. *Germ.*   Boulay.

Rubi. *Herbst.*   Metz.

Elevatus. *Marsh.*   Id.

Druparum. *Linn.*   Id.

CORYSSOMERUS. *Schœnherr.*

Capucinus. *Beck.*   Meurthe.

BALANINUS. *Germar.*

Nucum. *Linn.*   Metz. R. Sur les coudriers.

Rubidus. *Dej.*	Boulay.
Villosus. *Herbst.*	Metz.
Crux. *Fab.*	Metz. Très-rare.
Brassicæ. *Fab.*	Vosges.
Pyrrhoceras. *Marsh.*	Meurthe.
AMALUS. *Schœnherr.*	
Scortillum. *Herbst.*	Étain. Rare.
TYCHIUS. *Germar.*	
5 – Punctatus. *Linn.*	Metz. En fauchant.
Venustus. *Fab.*	*Id.*
Tomentosus. *Herbst.*	*Id.*
Sparsutus. *Oliv.*	*Id.* Briey.
Squamosus. *Dej.*	*Id.*
Picirostris. *Fab.*	*Id.* Rare.
SMICRONYX. *Schœnherr.*	
Variegatus. *Dej.*	Metz. En fauchant.
SIBYNES. *Schœnherr.*	
Viscariæ. *Linn.*	Sur les orties.
Potentillæ. *Koch.*	Metz.
Primitus. *Herbst.*	*Id.*
Sodalis. *Schüpp.*	*Id.* Vosges.
ACALYPTUS. *Schœnherr.*	
Rufipennis. *Schœnh.*	Sarrebruck.
PHYTOBIUS. *Schmidt.*	
Velatus. *Germ.*	Sarreguemines.
Leucogaster. *Marsh.*	Metz.
4 – Nodosus. *Gyll.*	*Id.* Rare.
4 – Tuberculatus. *Fab.*	Vosges.
4 – Cornis. *Gyll.*	Metz. Très-rare.
ANOPLUS. *Schüppel.*	
Plantaris. *Gyll.*	En fauchant. Commun.
ORCHESTES. *Illiger.*	

Quercus. *Linn.*	Metz. Assez commun.
Scutellaris. *Fab.*	Saint-Avold. Phalsbourg. R.
Rufus. *Oliv.*	Metz.
Melanocephalus. *Oliv.*	Vosges.
Alni. *Linn.*	Sous la mousse des arbr. T. C.
Ilicis. *Fab.*	Metz. Rare.
Pubescens. *Sch.*	Bitche.
Fagi. *Linn.*	Metz. Sous les écorces.
Loniceræ. *Fab.*	*Id.* Dans les alluvions de la
Populi. *Fab.*	*Id.* [Seille.
Rusci. *Creutz.*	*Id.* Briey. Rare.
Erythropus. *Mull.*	Nancy.
Salicis. *Linn.*	Metz.
Rufitarsis. *Dej.*	Briey.
Decoratus. *Schüpp.*	Metz.
Stigma. *Germ.*	Metz.
Saliceti. *Fab.*	*Id.*
LYPRUS. *Schœnher.*	
Cylindrus. *Payk.*	Forbach. Très-rare.
BAGOUS. *Germar.*	
2 - Nodulus. *Herbst.*	Vosges.
Lutulentus. *Gyll.*	Meurthe.

CHOLIDÆ.

BARIDIUS. *Schœnherr.*	
Artemisiæ. *Herbst.*	Metz. En fauchant.
Absinthii. *Panz.*	*Id.*
? Picinus. *Germ.*	Vosges.
Villæ. *Dej.*	Metz.
Lucidus. *Dej.*	*Id.*
Cuprirostris. *Fab.*	*Id.* En fauchant.

Chlorizans. *Mull.*   Metz. En fauchant.
Lepidii. *Mull.*   Briey.   *Id.*
T – Album. *Linn.*   Metz.   *Id.*

CRYPTORHYNCHIDÆ.

CRYPTORHYNCHUS. *Illiger.*
    Lapathi. *Linn.*   Sur les saules et la patience.
CÆLIODES. *Schœnherr.*
    Quercus. *Fab.*   Metz. Sous la mousse des arb.
    Ruber. *Marsh.*   *Id.* Commun.
    Rubicundus. *Payk.*   Meurthe.
    Epilobii. *Payk.*   Metz.
    Guttula. *Fab.*   *Id.* Vosges. Assez commun.
    Subrufus. *Herbst.*   *Id.*
    Didymus. *Linn.*   Metz. Sous la mousse.
    Lamii. *Herbst.*   Metz.
    Exiguus. *Oliv.*   *Id.* Rare.
MONONYCHUS. *Schüppel.*
    Pseudacori. *Fab.*   Sarreguemines.
ACALLES. *Schœnherr.*
    Hypocrita. *Creutz.*   Dans les détritus.
    Ptinoides. *Marsh.*   Dans les fourmilières.
    Echinatus. *Germ.*   *Id.*
    Formiceticola. *Gaubil.* N. Sp?   *Id.*   Bitche.
    Nocturnus. *Chevr.*   Vosges. Phalsbourg.
    Roboris. *Curtis.*   *Id.*   *Id*
    Sulcicollis. *Payk.*   Metz.
CENTORHYNCHUS. *Schüppel.*
    Albovittatus. *Dahl.*   Metz. Vosges. Assez rare.
    Macula–alba. *Herbst.*   Briey.
    Suturalis. *Fab.*   Metz. Assez commun.

Assimilis. *Payk.*	Metz.
Erysimi. *Fab.*	*Id.*
Contractus. *Marsh.*	Sous la mousse.
Atratulus. *Gyll.*	Vosges. Metz.
Smaragdinus. *Dej.*	Metz.
Querceti. *Gyll.*	*Id.*
Posthumus. *Illig.*	*Id.*
Parvulus. *Dej.*	*Id.*
Floralis. *Payk.*	*Id.*
Pulvinatus. *Gyll.*	Sarreguemines.
Ericœ. *Gyll.*	*Id.*
Atomarius. *Sturm.*	Metz.
Variegatus. *Oliv.*	Meurthe.
Echii. *Fab.*	Metz. En fauchant. A. C.
Iota. *Dej.*	*Id.*
Raphani. *Fab.*	*Id.*
Borraginis. *Fab.*	Metz. Dans les jardins.
Abbreviatulus. *Fab.*	Vosges.
5 – Maculatus. *Fab.*	Bitche.
Albosignatus. *Dahl.*	*Id.*
Asperifoliarum. *Kirb.*	Metz. Assez rare.
Campestris. *Ziegl.*	*Id.*
Rugulosus. *Herbst.*	*Id.*
Lycopi. *Chevr.*	*Id.*
Quadridens. *Panz.*	*Id.* Assez rare.
Marginatus. *Payk.*	*Id.*
Punctiger. *Még.*	Briey.
Alauda. *Fab.*	Metz.
Rapæ. *Gyll.*	*Id.*
Napi. *Koch.*	*Id.*
Troglodytes. *Fab.*	Metz. Briey. Assez commun.
Asperulus. *Aub.*	Vosges. Meurthe.

Palliodactylus. *Schœnh.*   Metz.

RHINONEUS. *Schœnherr.*

     Castor. *Fab.*   Metz. Meurthe. Assez rare.

     Inconspectus. *Herbst.*   *Id.*

     Pericarpius. *Fab.*   Gorze.

     Gramineus. *Fab.*   Metz.

     Subfasciatus. *Gyll.*   *Id.*

     Tibialis. *Steph.*   *Id.*

     Guttalis. *Grav.*   *Id.*

     Paroculus. *Dahl.*   Sarralbe.

POOPHAGUS. *Schœnherr.*

     Sisymbrii. *Fab.*   Metz.

TAPINOTUS. *Schœnherr.*

     Sellatus. *Herbst.*   Vosges. Rare.

RHYTIDOSOMUS. *Schœnherr.*

     Globulus. *Herbst.*   Forbach. Rare.

CIONIDÆ.

CIONUS. *Clairville.*

     Scrophulariœ. *Linn.*   Metz. Meurthe.

     Verbasci. *Fab.*   *Id.* Sur le vesbacum cultivé.

     Thapsi. *Fab.*   Sous les détritus.

     Olens. *Oliv.*   Metz. Trés-rare.

     Blattariœ. *Fab.*   Vosges. Meurthe.

     Fraxini. *De Geer.*   Metz.

     Setiger. *Germ.*   *Id.*

GYMNETRON. *Schœnherr.*

     Pascuorum. *Gyll.*   Phalsbourg. Rare.

     Beccabungœ. *Linn.*   Metz.

     Labilis. *Herbst.*   *Id.*

     Rostellum. *Herbst.*   *Id.*

Teter. *Fab.*	Metz. Assez commun.
Anthirhini. *Payk.*	Meurthe. Commun. Metz.
Angus:atus. *Dej.*	Metz.
Linariæ. *Panz.*	Vosges.
Plantarum. *Dej.*	Metz. Forbach.
Campanulæ. *Linn.*	*Id.*
Herbarum. *Dej.*	*Id.*
MECINUS. *Germar.*	
Pyraster. *Herbst.*	Boulay.
Circulatus. *Marsh.*	Metz.
NANOPHYES. *Schœnherr.*	
Lythri. *Fab.*	En fauchant.

CALANDRIDÆ.

SPHENOPHORUS. *Schœnherr.*	
Piceus. *Pall.*	Vosges. Rare.
Abbreviatus. *Fab.*	Dans les lieux arides.
SITOPHILUS. *Schœnherr.*	
Granarius. *Linn.*	Dans les magas. de céréales.
Orysæ. *Linn.*	*Id.* Rare.

COSSONIDÆ.

COSSONUS. *Clairville.*	
Linearis. *Fab.*	Metz.
Cylindricus. *Dej.*	Vosges. Meurthe.
PHLOEOPHAGUS. *Schœnherr.*	
Spadix. *Herbst.*	Bitche. Phalsbourg.
RHYNCOLUS. *Creutzer.*	
Crassirostris. *Meg.*	Metz.
Truncorum. *Schüpp.*	Sarrebruck.
Cylindrirostris. *Oliv.*	Metz.
Punctatulus. *Ziegl.*	*Id.*

DRYOPHTHORIDÆ.

DRYOPHTHORUS. *Schüppel.*
    Lymexylon. *Fab.*   Metz. Très-rare.

XYLOPHAGES.

—

SCOLYTIDÆ.

HYLASTES. *Erichson.*
    Ater. *Payk.*   Bitche. Rare.
    Gyllenhalii. *Schm.*   Metz. Bitche.
    Affinis. *Dej.*   Id.
    Trifolii. *Mull.*   Vosges. C. Briey. R.
    Sericeus. *Dej.*   Sarreguemines.
HYLURGUS. *Latreille.*
    Ligniperda. *Fab.*   Metz. R. Vosges. C.
DENDROCTONUS. *Erichson.*
    Piniperda. *Linn.*   Bitche.
HYLESINUS. *Fabricius.*
    Crenatus. *Fab.*   Briey. Très-rare.
    Oleiperda. *Fab.*   Metz.
    Fraxini. *Fab.*   Id. Vosges. Commun.
XYLOTERUS. *Erichson.*
    Domesticus. *Linn.*   Id. Phalsbourg.
ECCOPTOGASTER. *Herbst.*
    Scolytus. *Fab.*   Metz. Très-rare.
    Destructor. *Oliv.*   Id. C. Sur les frènes.
    Pygmeus. *Herbst.*   Bitche. Saint-Avold.
    Carpini. *Erich.*   Étain.
    Armatus. *Chevr.*   Bitche. Rare.

PLATYPIDÆ.

PLATYPUS. *Herbst.*
  Cylindrus. *Fab.*   Sous les écorces du chêne.

BOSTRICHIDÆ.

CRYPTURGUS. *Erichson.*
  Cinereus. *Herbst.*   Sarreguemines. Très-rare.
  Porcatus. *Dej.*   Briey.
CRYPHALUS. *Erichson.*
  Serratus. *Erichs.*   Metz. Très-commun.
BOSTRICHUS. *Fabricius.*
  Typographus. *Linn.*   Metz. Très-rare.
  Stenographus. *Dufstch.*   Bitche.
  Laricis. *Fab.*   Briey.
  Curvidens. *Germ.*   Sarreguemines.
  Cornutus. *Chevr.*   Vosges.
  Villosus. *Fab.*   Id.
  Dispar. *Hellw.*   Moselle. Très-rare.
  Monographus. *Fab.*   Briey.
  Dryographus. *Erichs.*   Sarreguemines.
APATE. *Fabricius.*
  Capucina. *Linn.*   Dans les bûcheries.
  Dufourii. *Lat.*   Saint-Avold.
  Sinuata. *Fab.*   Vosges.

CISIDÆ.

CIS. *Latreille.*
  Reticulatus. *Creutz.*   Longwy. Très-rare.
  Boleti. *Scop.*   Phalsbourg.
  Glabriculus *Gyll.*   Metz.
  Punctulatus. *Gyll.*   Sarreguemines.

Affinis. *Gyll.*   Phalsbourg.
Fronticornis. *Frœhl.*   Briey.

LATRIDIIDÆ.

CORTICARIA. *Marhsam.*

Pubescens. *Illig.*   Metz. Très-commun.
Crenulata. *Schüpp.*   Id.
Impressa. *Oliv.*   Sarreguemines.
Serrata. *Payk.*   Metz.
Foveola. *Gyll.*   Id.
Gibbosa. *Herbst.*   Id.
Transversalis. *Schüpp.*   Saint-Avold.
Parvula. *Schüpp.*   Metz.
Fuscula. *Még.*   Id.
Variegata. *Dej.*   Id.
Distinguenda. *Chevr.*   Briey.

LATHRIDIUS. *Herbst.*

Angusticollis. *Schüpp.*   Phalsbourg.
Rugicollis. *Oliv.*   Metz.
Constrictus. *Gyll.*   Id. Très-commun.
Collaris. *Mannh.*   Sarreguemines.
Transversus. *Oliv.*   Metz.
Minutus. *Linn.*   Id.
Ruficollis. *Chevr.*   Id.

PSAMMECHUS. *Boudier.*

Bipunctatus. *Fab.*   Vosges.

DASYCERUS. *Brongniart.*

Sulcatus. *Brong.*   Metz. Rare.

MYCETOPHAGIDÆ.

MYCETOPHAGUS. *Hellwig.*

4 - Pustullatus. *Linn.*   Metz. Sous les écorces.

Atomarius. *Fab.*   Vosges.
Variabilis. *Hellw.*   Metz. Rare.
Multipunctatus. *Fab.*   Briey. Dans les détritus.
Populi. *Fab.*   Metz. Rare.
10 – Punctatus. *Fab.*   Meurthe.
Salicis. *Chevr.*   Étain. Metz.
PENTAPHYLLUS. *Megerle.*
Testaceus. *Hellw.*   Metz. Très-rare.
TRIPHYLLUS. *Megerle.*
Bifasciatus. *Fab.*   Sarreguemines. Metz. Rare.
Fumatus. *Linn.*   Vosges.
TETRATOMA. *Hellwig.*
Variegata. *Fab.*   Dans les détritus des arbr. R.

MONOTOMIDÆ.

SYNCHITA. *Hellwig.*
Juglandis. *Fab.*   En battant les arbres. Rare.
CERYLON. *Latreille.*
Histeroides. *Fab.*   Metz. Meurthe.
MYRMECHIXENUS. *Chevrolat.*
Subterraneus. *Chevr.*   Dans les fourmilières. Bitch.
MONOTOMA. *Herbst.*
Punctulatus. *Aub.*   Metz. Dans les fourmilières.
Picipes. *Payk.*   Id.   Id.
Formicetorum. *Chevr.*   Bitche.   Id.
Conicicollis. *Chevr.*   Id.   Id.
Longicollis. *Schœnh.*   Metz.   Id.
Spinicollis. *Aub.*   Bitche.   Id.
Formiciticola. *Aub.*   Metz.   Id.
RHIZOPHAGUS. *Herbst.*
Ferrugineus. *Payk.*   Dans les détritus.
Depressus. *Fab.*   Metz.   Id.

Affinis. *Dej.*   Metz. Dans les détritus.
Bipustullatus. *Fab.*   Id.   Id.
Parvulus. *Payk.*   Id.   Id.

COLYDIIDÆ.

TROGOSSITA. *Olivier.*
    Caraboides. *Fab.*   Metz. Très-rare.
BITOMA. *Herbst.*
    Crenata. *Fab.*   Sarreguemines
COLYDIUM. *Fabricius.*
    Elongatum. *Fab.*   Metz. Rare.
    Filiforme. *Chevr.*   Phalsbourg.
NEMOSOMA. *Desmarest.*
    Elongatum. *Lat.*   Vosges. Très-rare.

LYCTIDÆ.

LYCTUS. *Fabricius.*
    Canaliculatus. *Fab.*   Sous les écorces. Commun.

SYLVANIDÆ.

SYLVANUS. *Latreille.*
    6 – Dentatus. *Fab.*   Vosges. Rare.
    Denticollis. *Dej.*   Metz. Dans les détrit. des arb.
    Bidentatus. *Fab.*   Bitche.
    Unidentatus. *Fab.*   Id.
    Populi. *Chevr.*   Metz. Rare.
    Similis. *Wesm.*   Saint-Avold.

CUCUJIDÆ.

CUCUJUS. *Fabricius.*
    Sanguinolentus *Linn.*   Très-rare. Dans les bûcheries.
MONOPIS. *Ziegler.*
    Castanea. *Ziegl.*   Metz.

Rufescens. *Chevr.* Phalsbourg.
LOEMOPHLOEUS. *Dejean.*
 Monilis. *Fab.* Metz. Sous les écorces.
 Bimaculatus. *Payk.* *Id.* *Id.*
 Ferrugineus. *Még.* *Id.* *Id.*
 Amygdaleus. *Schœnh.* *Id.* *Id.*
 Testaceus. *Fab.* *Id.* C. *Id.*

BRONTIDÆ.

BRONTES. *Fabricius.*
 Flavipes. *Fab.* Metz. T. C. Sous les écorces.
DENDROPHAGUS. *Gyllenhal.*
 Crenatus. *Payk.* Metz. Saint-Avold. Vosges.

LONGICORNES.

PRIONIDÆ.

PRIONUS. *Serville.*
 Coriarius. *Linn.* Metz ; T. R. Saint-Avold.
ÆGOSOMA. *Serville.*
 Scabricorne. *Fab.* Trouvé une fois à St.-Avold.

CERAMBICYDÆ.

CERAMBYX. *Linné.*
 Heros. *Fab.* St.-Avold ; T. C. Metz ; T. R.
 Miles. *Bonell.* Sarreguemines. T. R.
 Cerdo. *Linn.* Sur les saules. Commun.
PURPURICENUS. *Ziegler.*
 Kœhleri. *Fab.* Lunéville. Rare.
ROSALIA. *Serville.*
 Alpina. *Linn.* Vosges. Très-rare.

AROMIA. *Serville.*

(Moschata. *Linn.*	Sur les saules. A. C.
Id. var. *nigra.*	Metz. Très-rare.

CALLIDIIDÆ.

ROPALOPUS. *Mulsant.*

Insubricus. *Ziegler.* — Vosges. Rare.
Clavipes. *Fab.* — Dans les vieux édifices. T. R.
Femoratus. *Linn.* — *Id.*   Très-rare.

CALLIDIUM. *Fabricius.*

Violaceum. *Linn.* — Dans les bois. Rare.
Sanguineum. *Linn.* — Metz. Très-commun.
Alni. *Linn.* — Vosges.
Rufipes. *Fab.* — Metz. Rare.

PHYMATODES. *Mulsant.*

(Variabilis. *Linn.* — *Id.* Très-commun. Partout.
Id. var. *testaceum.* — *Id.*   *Id.*
Humeralis. *Dej.* — *Id.*

HYLOTRUPES. *Serville.*

(Bajulus. *Linn.* — Metz. Dans les greniers à bois.
var. *testaceus.* — T. C.   *Id.*

PLATYNOTUS. *Mulsant.*

Detritus. *Linn.* — Metz ; très-rare. Vosges.
Arcuatus. *Linn.* — *Id.* Dans les bûcheries. T. C.

CLYTUS. *Laicharting.*

Liciatus. *Fab.* — Meurthe.
Semi-punctatus. *Fab.* — Metz. Rare.
Tropicus. *Fab.* — Saint-Avold.
Antilope. *Sch.* — Metz.
Arietis. *Linn.* — Phalsbourg. Metz.
Gazella. *Fab.* — *Id.*
Massiliensis. *Linn.* — Sur les ombellifères.

Plebejus. *Fab.*	Sur les ombellifères.
Ornatus. *Fab.*	Vosges ?
Verbasci. *Fab.*	Metz. Rare.
4 – Punctatus. *Fab.*	*Id.* Vosges.
ANAGLYPTUS. *Mulsant.*	
Mysticus. *Linn.*	Metz. Sur le sureau.
CARTALLUM. *Megerle.*	
Ruficolle. *Fab.*	Vosges.
GRACILIA. *Serville.*	
Pygmea. *Fab.*	Metz ; très-rare. Nancy.

MOLORCHIDÆ.

MOLORCHUS. *Fabricius.*	
Dimidiatus. *Fab.*	Metz. Sur les ombellifères.
Umbellatorum. *Fab.*	Vosges.
NECYDALIS. *Linné.*	
Major. *Linn.*	Dans les bois. Très-rare.
STENOPTERUS. *Olivier.*	[bellifères.]
Rufus. *Linn.*	Metz. Marsal. Sur les om–
Præustus. *Fab.*	*Id.* *Id.*
Nigripes. *Dahl.*	Étain. Metz. Rare.

LAMIIDÆ.

DORCADION. *Dalmau.*	
Fuliginator. *Linn.*	Metz. Coteaux arides. T. C.
LAMIA. *Fabricius.*	
Textor. *Linn.*	Metz. Sur les saules. T. C.
MONOHAMMUS. *Megerle.*	
Sutor. *Linn.*	Vosges. Rare.
ACANTHODERUS. *Serville.*	
Varius. *Fab.*	Dans les chantiers. Rare.

7

OEDILIS. *Serville*.
    Montana. *Serv.*   Metz; T. R. Bitche et Vosges.
    Atomaria. *Fab.*   *Id.*   *Id.*   [A. C.]
LEIOPUS. *Serville*.
    Nebulosus. *Linn.*   Dans les bûcheries. Rare.
EXOCENTRUS. *Megerle*.
    Balteatus. *Linn.*   Dans les chantiers. Rare.
POGONOCHERUS. *Megerle*.
    Ovalis. *Muls.*   Metz. Rare.
    Hispidus. *Linn.*   *Id.* Dans les chantiers. R.
    Pilosus. *Fab.*   *Id.* Très-rare.

SAPERDIDÆ.

MESOSA. *Megerle*.
    Curculioides. *Linn.*   Dans les chantiers. A. R.
    Nebulosa. *Fab.*   *Id.*   T. R.
NYPHONA. *Ziegler*.
    Saperdoides. *Ziegl.*   Metz. Dans les chantiers.
ANÆSTHETIS. *Dejean*.
    Testacea. *Fab.*   Vosges. En secouant les ar-
                                  [bres.]
AGAPANTHIA. *Serville*.
    Cardui. *Fab.*   Metz. Au Sablon. T. R.
COMPSIDIA. *Mulsant*.
    Populnea. *Linn.*   Sur les jeunes trembles. T. C.
ANOEREA. *Mulsant*.
    Carcharias. *Linn.*   Metz. A. C. Sur les peupliers.
SAPERDA. *Fabricius*.
    Scalaris. *Linn.*   Dans les bûcheries. A. R.
POLYOPSIA. *Mulsant*.
    Preusta. *Linn.*   Metz. Sur les saules au prin-
                                  [temps.]
STENOSTOLA. *Dejean*.
    Nigripes. *Fab.*   Dans les chantiers. Rare.

OBEREA. *Megerle.*
    Oculata. *Linn.*   Metz. Phalsbourg.
    Pupillata. *Schh.*   *Id.* Sur le trœne en fleurs.
    Linearis. *Linn.*   Sur le sureau.
PHYTÆCIA. *Dejean.*
    Lineola. *Fab.*   Dans les taillis. Rare.
    Virescens. *Fab.*   *Id.*   Très-rare.

RHAGIIDÆ.

RHAMNUSIUM. *Megerle.*
    { Salicis. *Fab.*   Metz. Sur les saules. Rare.
    { *Var. rubrum.*   *Id.* Très-rare.
RHAGIUM. *Fabricius.*
    Bifasciatum. *Fab.*   Phalsbourg. Rare.
    Mordax. *Fab.*   Metz. Sur les troncs d'arbres.
    Inquisitor *Fab.*   *Id.*   *Id.*   Commun.
    Indagator. *Linn.*   Phalsbourg.

LEPTURIDÆ.

TOXOTUS. *Megerle.*
    Cursor. *Linn.*   Vosges. Metz. Très-rare.
    Meridianus. *Linn.*   Sur les ombellifères.
    Chrysogaster. *Schal.*   Sur les ombellifères.
PACHYTA. *Megerle.*
    8 – Maculata. *Fab.*   Metz. Dieuze. Assez commun.
    Collaris. *Linn.*   *Id.* Sur les fleurs du plan-
                          [tain. T. C.]
STRANGALIA. *Serville.*
    Calcarata. *Fab.*   Phalsbourg. Vosges. A. C.
    Aurulenta. *Fab.*   Vosges. Rare.
    Quadrifasciata. *Linn.*   *Id.* Sarreguemines, T. R.
    Villica. *Fab.*   Phalsbourg.
    Atra. *Fab.*   Metz.

Nigra. *Fab.*   Metz.
Melanura. *Linn.*   *Id.* Sur le plantain. T. C.
Bifasciata. *Müll.*   Bitche. Meurthe.
LEPTURA. *Linné.*
Rubra. *Fab.*   Phalsbourg. Metz. Très-rare.
Scutellata. *Fab.*   *Id.*   *Id.*
Hastata. *Fab.*   Vosges.
Tomentosa. *Fab.*   Metz. Sur les roses. T. C.
Cincta. *Fab.*   *Id.* Vosges.
Sanguinolenta. *Linn.*   *Id.*
Livida. *Fab.*   Sarrebruck. Metz.
Unipunctata. *Fab.*   Metz.
ANOPLODERA. *Mulsant.*
Sexguttata. *Fab.*   Dieuze.
Rufipes. *Schall.*   *Id.* Metz. Rare.
Lurida. *Fab.*   Vosges.
GRAMMOPTERA. *Serville.*
Lœvis. *Fab.*   Phalsbourg. Metz. Très-rare.
4 – Guttata. *Fab.*   *Id.*
Ruficornis. *Fab.*   Metz. Dieuze.
Prœusta. *Fab.*   *Id.* Assez commun.

PHYTHOPHAGES.

—

SAGRIDÆ.

ORSODACNA. *Latreille.*
Cerasi. *Fab.*   En secouant les arb. en fleurs.
Limbata. *Oliv.*   *Id.*
Humeralis. *Lat.*   Sur les haies en fl. Metz. T.R.
? Oxyacanthœ. *Schott.*   *Id.*

DONACIDÆ.

DONACIA. *Fabricius.* [fleurs. R.]

Crassipes. *Fab.* Metz. Sur le nymphea alba en

Bidens. *Oliv.* *Id.* Très-rare.

Dentata. *Hopp.* Auboué. Sur les bords de

Sparganii. *Arh.* Niederbronn. Rare. [l'Orne.

Dentipes. *Fab.* Metz. Phalsbourg.

Lemnœ. *Arh.* *Id.* Dans les marais.

Sagittariæ. *Fab.* *Id.* Bords des eaux cour.

Obscura. *Gyll.* *Id.* Très-rare.

Brevicornis. *Arh.* Étain.

Thalassina. *Germ.* Metz. Assez rare.

Impressa. *Payk.* *Id.*

Menyanthidis. *Fab.* *Id.*

Linearis. *Hopp.* *Id.* Très-commun.

Typhœœ. *Ahr.* *Id.* *Id.*

Simplex. *Fab.* *Id.* Assez commun.

Malinovski. *Arh.* *Id.* Bords de la Seille. R.

Hydrocharidis. *Fab.* Briey. Rare.

Tomentosa. *Arh.* Metz. Très-rare.

Nigra. *Fab.* Niederbronn.

Discolor. *Hopp.* Metz. Commun.

Affinis. *Kunz.* *Id.* Rare.

Sericea. *Illig.* *Id.* Très-rare.

ZENGOPHORA. *Kunze.*

Frontalis. *Suff.* Metz. R. En secouant les arb.

Subspinosa. *Fab.* *Id.* Sur le peuplier.

Flavicollis. *Marsh.* *Id.* En fauchant.

LEMA. *Fabricius.*

Rugicollis. *Suff.* Metz. Très-rare.

Cyanella. *Fab.* *Id.* Vosges.

Erichsonii. *Suff.*   Metz. Rare.
Melanopa. *Fab.*   *Id.* Meurthe. A. C.
CRIOCERIS. *Geoffroy.*
    Merdigera. *Fab.*   Sur les lys blancs.
    Brunnea. *Fab.*   Dans les bois. Très-rare.
    12 – Punctata. *Fab.*   Dans les jardins sur l'asperg.
    Paracenthesis. *Oliv.*   Sous la mousse des peupli. R.
    Asparagi. *Linn.*   Sur l'asperge. Commun.

CLYTHRIDÆ.

CLYTHRA. *Laicharting.*
    4 – Punctata.   Vosges. Très-rare.
    4 – Signata. *Mark.*   Phalsbourg.
LABIDOSTOMIS. *Chevrolat.*
    Taxicornis. *Fab.*   Vosges. Très–rare.
    Cyanicornis. *Dalh.*   Étain. Dans les bois. T. R.
    3 – Dentata. *Linn.*   Sarralbe. Rare.
    Longimana. *Linn.*   Metz.
LACHNAIA. *Chevrolat.*
    Longipes. *Fab.*   Vosges. Bitche. Rare.
CYANIRIS. *Chevrolat.*
    Aurita. *Linn.*   Vosges. Rare.
    Colliris. *Sch.*   Meurthe.
    Affinis. *Hellw.*   Metz.
    Fuscitarsis. *Dej.*   Briey. Verdun.
    Cyanea. *Fab.*   Metz.
PACHYBRACHIS. *Chevrolat.*
    Histrio. *Fab.*   Sur le saule. Assez commun.
CRYPTOCEPHALUS. *Geoffroy.*
    Bipunctatus. *Linn.*   Sur les saules. Metz.
    Coryli. *linn.*   Phalsbourg.
    Variabilis. *Schupp.*   Metz et Phalsbourg.

6 – Punctatus. *Linn.*	Metz et Phalsbourg.
Variegatus. *Fab.*	Vosges.
10 – Punctatus. *Linn.*	Saint-Avold, Rare.
Morœi. *Linn.*	Sur les saules. A. C.
2 – Pustullatus. *Fab.*	Sous la mousse des arbres.
Sericeus. *Linn.*	Metz. Sur les fl. du taraxacum
Violaceus. *Fab.*	Sur les saules.
Marginatus. *Fab.*	Phalsbourg.
Geminus. *Meg.*	Id.
Labiatus. *Linn.*	Id.
Vittatus. *Fab.*	Metz. Vosges.
Bilineatus. *Linn.*	Id.
Pygmeus. *Fab.*	Phalsbourg.
Minutus. *Fab.*	Metz.
Gracilis. *Fab.*	Id.

EUMOLPIDÆ.

CHRYSOCHUS. *Chevrolat.*

Pretiosus. *Fab.*	Vosges. Verdun. Rare.

BROMIUS. *Chevrolat.*

Obscurus. *Linn.*	Sous la mousse des arb. T. R.
Vitis. *Fab.*	En fauchant.

DIA. *Dejean.*

Eruginea. *Fab.*	Vosges. Briey. T. R.

CHRYSOMELIDÆ.

PRASOCURIS. *Latreille.*

Marginella. *Linn.*	Sur les saules.
Phellandrii. *Linn.*	Sur les frêles. Commun.
Beccabungœ. *Hellw.*	En fauchant au bord de l'eau.
Aucta. *Fab.*	Sous la mousse des arbres.

PHOEDON. *Mcgerle.*

Carniolicus. *Meg.*   En fauchant dans la luzerne.
Pyritosus. *Rossi.*   Metz. *Id.* Rare.
Betulæ. *Linn.*   Briey.
Egenus. *Ziegl.*   Metz.
PHRATORA. *Chevrolat.*
    Vitellinæ. *Linn.*   *Id.* En fauchant.
GASTROPHYSA. *Chevrolat.*
    Polygoni. *Linn.*   *Id.* Dans le foin nouveau.
    Raphani. *Fab.*   *Id.* En fauchant.
PLAGIODERA. *Chevrolat.*
    Armoraciæ. *Linn.*   *Id.* Boulay. Commun.
GONIOCTENA. *Chevrolat.*
    Viminalis. *Linn.*   Phalsbourg.
    10 – Punctata. *Linn.*   Metz.
    Rufipes. *De Geer.*   Phalsbourg.
    Affinis. *Sch.*   Metz.
    Pallida. *Linn.*   *Id.* et Bitche.
    Hemorrhoidalis. *Fab.*   *Id.*
    Litura. *Fab.*   Phalsbourg.
ENTOMOSCELIS. *Chevrolat.*
    Dorsalis. *Fab.*   Metz. Assez commun.
LINA. *Megerle.*
    Populi. *Linn.*   Sur le tremble. A. C.
    Tremulæ. *Fab.*   *Id.*   *Id.*
    Cuprea. *Fab.*   Sur les graminées.
    Ænea. *Linn.*   Phalsbourg.
    Lapponica. *Linn.*   Vosges.
    Collaris. *Fab.*   *Id.*
    20 — Punctata. *Fab.*   *Id.* Rare.
OREINA. *Chevrolat.*
    Gloriosa. *Fab.*   Vosges. Meurthe.
    Tristis. *Fab.*   *Id.*

Alpicola. *Hopp.*   Vosges.
Senecionis. *Kœhl.*   *Id.* Phalsbourg.
Pretiosa *Meg.*   *Id.*
Cacalinœ. *Schrk.*   Briey. Rare.

CHRYSOMELA. *Linné.*
     Gœttengensis. *Linn.*   Phalsbourg.
     Crassimargo. *Hoffm.*   *Id.* Metz. Rare.
     Hœmoptera. *Linn.*   Metz. A. R. Vosges. C.
     Sanguinolenta. *Linn.*   Sous les pierres dans les lieux
     Nitidicollis. *Reich.*   Bitche.   [arides.]
     Limbata. *Fab.*   Metz.
     Carnifex. *Fab.*   *Id.* Sous les pierres.
     Marginata. *Linn.*   Phalsbourg.
     Parallela. *Gaubil. N. sp.*   *Id.*
     Lamina. *Fab.*   *Id.*
     Fucata. *Fab.*   Metz.
     Varians. *Fab.*   *Id.* Rare. Vosges.
     Graminis. *Linn.*   En fauchant.
     Fastuosa. *Linn.*   *Id.* Phalsbourg.
     Menthœ. *Schrk.*   Sur la menthe aquatique. C.
     Cerealis. *Linn.*   Sous les pierres. T. C.
     Megerlei. *Fab.*   Sous les pierres. Rare.
     Mixta. *Ziegl.*   *Id.* *Id.*
     Americana. *Linn.*   Phalsbourg.
     Staphylea. *Linn.*   Metz. Dans les lieux sablon.
     Polita. *Linn.*   *Id.* Sur les orties. C.

TIMARCHA. *Megerle.*
     Tenebricosa. *Fab.*   Metz. Sur les haies. C.
     Coriaria. *Fab.*   *Id.* Lieux arides. C.

ARGOPUS. *Eischer.*
     Cardui. *Kirb.*   Vosges. Très-rare.
     Testaceus. *Fab.*   Metz. Forbach. Rare.

GALLERUCIDÆ.

PODAGRICA. *Chevrolat.*
    Fuscicornis. *Linn.*   Metz. En fauchant.
    Fuscipes. *Fab.*   *Id.*   *Id.*
APTEROPEDA. *Chevrolat.*
    Ciliata. *Oliv.*   Meurthe. Verdun.
    Conglomerata. *Illig.*   Metz. Rare.
BALANOMORPHA. *Chevrolat.*
    OEraria. *Chev.*   Vosges.
PLECTROSCELIS. *Chevrolat.*
    OEneicollis. *Dej.*   Metz. En fauchant.
    Dentipes. *Ent. H.*   *Id.*
    Viridissima. *Dej.*   *Id.*
    Mannerheimii. *Gyll.*   *Id.* Très-rare.
    Sahlbergii. *Gyll.*   Vosges.
    Aridella. *Payk.*   Metz. Commun.
    Aridula. *Gyll.*   *Id.*
PSYLLIODES. *Latreille.*
    Dulcamaræ. *Ent. H.*   Metz. En battant les haies.
    Hyosciami. *Linn.*   *Id.* En fauchant.
    Chrysocephala. *Linn.*   Vosges.
    Ruficollis. *H.*   Metz.
    Rapœ. *Illig.*   *Id.* En fauchant.
    Cuprea. *Ent. H.*   *Id.*
    Vicina. *Dej.*   *Id.*
    Cucullata. *Illig.*   *Id.* En brossant les arbres.
    Anglica. *Fab.*   *Id.*
    Affinis. *Payk.*   *Id.*
    Luteola. *Mar.*   Vosges.
DIBOLIA. *Latreille.*
    Eryngii. *Chev.*   En fauchant.

Ovata. *Dej*.	Metz.
Ovoides. *Dej*.	Verdun. Metz. Très-rare.
TEINODACTYLA. *Chevrolat*.	
Echii. *Ent. H.*	Vosges. Briey. Très-rare.
Analis. *Creutz*.	Metz.
Holsatica. *Linn*.	*Id.* Assez commun.
4 – Pustullata. *Fab*.	*Id.*
Dorsalis. *Fab*.	Phalsbourg.
Sysimbrii. *Fab*.	Metz.
Verbasci. *Panz*.	*Id.*
Melanocephala. *Gyll*.	*Id.*
Ochroleuca. *Gyll*.	*Id.*
Tabida. *Marsh*.	Meurthe.
Atricilla. *Fab*.	Metz.
Pratensis *Panz*.	*Id.*
Pusilla. *Gyll*.	*Id.*
Lurida. *Rossi*.	Étain. Metz.
APHTONA. *Chevrolat*.	
Cyparissiæ. *Ent. H.*	Sur l'euphorbia cyparisias.
Euphorbiæ. *Schr*.	*Id.* *Id.*
Palustris. *Chevr*.	Metz. Rare.
Eurythropus *Dej*.	Metz.
Cerulea. *Payk*.	Étain. Forbach.
Virescens. *Dej*.	Metz.
Rubi. *Payk*.	*Id.*
Rubivora. *Chevr*.	*Id.*
Salicariæ. *Payk*.	Sur l'epilobium roseum.
PHYLLOBRETA. *Chevrolat*.	
Armoraciæ. *Ent. H.*	Metz. Sur les crucifères.
Cincta. *Dej*.	*Id.* En fauchant.
Amabilis. *Dej*.	*Id.*
Brassicæ. *Fab*.	Sur les crucifères.

Flexuosa. *Ill.*   Étain.
Nemorum. *Linn.*   En fauchant.
Antennata. *Ent. H.*   Metz. Assez rare.
Atra. *Fab.*   Vosges. Forbach.
CREPIDODERA. *Chevrolat.*
Lineata. *Rossi.*   Vosges. Metz. Rare.
Transversa. *Marsh.*   Metz. Commun.
Exoleta. *Fab.*   Sur les crucifères et la chi-
Impressa. *Fab.*   En fauchant.   [corée.]
Nitidula. *Linn.*   Metz.
Helxines. *Linn.*   *Id.* Assez commun.
Fulvicornis. *Fab.*   *Id.*
Modeeri. *Linn.*   *Id.* et Verdun. C.
Pubescens. *Ent. H.*   *Id.*
Nigriventris. *Chevrol.*   Vosges. Étain.
GRAPTODERA. *Chevrolat.*
Oleracea. *Linn.*   Sur les crucifères.
Mercurialis. *Fab.*   En fauchant.
CALOMICRUS. *Dillwyn.*
Suturellus. *Illig.*   Metz. Assez commun.
LUPERUS. *Geoffroy.*
Rufipes. *Fab.*   Sur les saules.
Flavipes. *Linn.*   *Id.*
Suturalis. *Dej.*   Sur la bruyère.
PHYLLOBROTICA. *Chevrolat.*
4 – Maculata. *Linn.*   Vosges. Metz. Rare.
AGELASTICA. *Chevrolat.*
Alni. *Linn.*   Sur l'aulne. Très-commun.
MALACOSOMA. *Chevrolat.*
Lusitanica. *Linn.*   Metz ; rare. Verdun. A. C.
GALLERUCA. *Geoffroy.*
Sagittariæ. *Gyll.*   Sur les plantes aquatiques. C.

Lincola. *Fab.*   Vosges. Metz. Trés-rare.
Calmariensis. *Linn.*   Sur les prèles. A. C.

ADIMONIA. *Laicharting.*

Tanaceti. *Linn.*   Dans le foin nouveau. T. C.
Rustica. *Schall.*   Metz. Commun.
Interrupta. *Geoffr.*   Vosges. Metz. T. R.

HISPIDÆ.

HISPA. *Linné.*

Testacea. *Linn.*   Vosges. Meurthe. Rare.
Atra. *Linn.*   Dans la luzerne.

CASSIDIDÆ.

CASSIDA. *Linné.*

Equestris. *Fab.*   Metz. Sur les chrysanthèmes.
Hemispherica. *Herbst.*   *Id.*
Murrea. *Linn.*   *Id.* Rare.
Rubiginosa. *Mull.*   Vosges.
Vibex. *Linn.*   Metz. Sur les chrysanthèmes.
Sanguinolenta. *Mull.*   En fauchant.   [A. C.]
Margaritacea. *Schm.*   *Id.*
Nobilis. *Linn.*   En fauchant. Assez rare.
Obsoleta. *Illig.*   Vosges.
Ferruginea. *Fab.*   Meurthe. Verdun.

ÉROTYLIENS *.

—

EROTYLIDÆ.

TRIPLAX. *Herbst.*

Russica. *Linn.*   Dans les bolets.

---

* Les deux tribus qui composent cette famille doivent être placées près des *Engididæ.* (Voyez 1.re partie du catalogue, page 114.)

Ruficollis. *Dej.*   Sous les détritus.
Rufipes. *Payk.*   Sous les écorces.
TRITOMA. *Fabricius.*
Bipustullata. *Fab.*   Phalsbourg.

AGATHIDIIDÆ.

PHALACRUS. *Paykall.*
Corruscus. *Payk.*   Sous la mousse. Commun.
Striatus. *Dej.*   Vosges.
Ulicis. *Kirb.*   *Id.*
OEneus. *Fab.*   Metz. Rare.
Caricis. *St.*   *Id.*
Bicolor. *Fab.*   *Id.* Assez commun.
Piceus. *Kug.*   Dans les détritus.
Rufipes. *Dej.*   Metz.
Nitidulus. *Schüp.*   *Id.* Assez commun.
Testaceus. *Kug.*   *Id.* Rare.
Corticalis. *Kug.*   Vosges.
Pusillus. *Dej.*   Vosges.
HYGROTOPHILA. *Chevrolat.*
Globosa. *St.*   Forbach. Rare.
AGATHIDIUM. *Illiger.*
Globus. *Fab.*   Vosges.
Varians. *Beck.*   Metz.
Badium. *Zieg.*   *Id.*
Brunneum. *Dej.*   *Id.* Dans les alluvions de la
Thoracicum. *Dej.*   Dieuze.   [Seille.]
Seminulum. *Linn.*   Metz. Très-commun.
Atratum. *St.*   Nancy.
Orbiculatum. *Gyll.*   Metz.
Marginatum. *St.*   *Id.*
Minutum. *St.*   *Id.* Assez commun.

Atomarium. *St.*   Metz. Assez commun.

Erythrocephalum. *Melsch.* Vosges. Très-rare.

LEIODES. *Latreille.*

Axillaris. *Gyll.*   Metz ; très-rare. Bitche.

ANISOTOMA. *Knoch.*

Cinnamomea. *Hellv.*   Dans les détritus. Très-rare.

Lœvigata. *Dej.*   Metz. Rare.

Ferruginea. *Herbst.*   Vosges.

Aciculata. *Kunz.*   Bitche. Très-rare.

CYRTOCEPHALUS. *Audoin.*

Cephalotes. *Dej.*   Dans les caves sur les ton-

EPHISTEMUS. *Westwood.*   [neaux.]

Gyrinoides. *Marsh.*   Phalsbourg.

CLYPEASTER. *Andersch.*

Lividus. *Dej.*   Phalsbourg.

TRIMÈRES.

—

ENDOMYCHIDÆ.

ENDOMYCHUS. *Weber.*

Coccineus. *Linn.*   Sous les détritus.

GOLGIA. *Mulsant.*   [la mousse. R.]

Succincta. *Linn.*   Metz. Dans les bolets et sous

LYCOPERDINA. *Latreille.*

Bovistæ. *Fab.*   *Id.*   *Id.*

COCCINELLIDÆ.

HYPPODAMIA. *Chevrolat.*

13 – Punctata. *Linn.*   Metz. T. C. Plantes aquatiq.

ADONIA. *Mulsant.*

    Mutabilis. *Illig.*   Metz. T. C. Plantes aquatiq.

IDALIA. *Mulsant.*

    Livida. *De Geer.*   Metz. Très-commun.

    Bi-Punctata. *Linn.*   Metz. Commun.

    11 – Notata. *Schn.*   *Id.*   Rare.

COCCINELLA. *Linné.*

    11 – Punctata. *Linn.*   Metz. C.

    15 – Punctata. *Linn.*   Sur les arbres fruitiers.

    7 – Punctata. *Linn.*   Metz. Très-commun.

    Hieroglyphica. *Linn.*   *Id.* Dans les bois.

    14 – Pustullata. *Linn.*   *Id.*

    Variabilis. *Illig.*   *Id.* Sur le sureau.

HARMONIA. *Mulsant.*

    Margine punctata. *Schall.* Bitche.

    Impustullata. *Linn.*   Metz. Rare.

MYRRHA. *Mulsant.*

    18 – Guttata. *Linn.*   Metz. Très-rare.

ANATIS. *Mulsant.*

    Occellata. *Linn.*   *Id.*

CALVIA. *Mulsant.*

    14 – Guttata. *Linn.*   Briey.

PROPYLEA. *Mulsant.*

    14 – Punctata. *Linn.*   Metz. Commun.

MICRASPIS. *Chevrolat.*

    12 – Punctata. *Linn.*   *Id.* Très-commun.

CHILOCORUS. *Leach.*

    Renipustullatus. *Scrib.*   Metz. Assez commun.

HYPERASPIS. *Chevrolat.*

    Reppensis. *Herbst.*   Metz. Assez rare.

EPILACHNA. *Chevrolat.*

    Chrysomelina, *Fab.*   Metz. Assez rare.

    Argus. *Fourc.*   Vosges   *Id.*

LASIA. *Hope.*
    Globosa. *Schu.*   Metz. Sous la mousse. A. C.
SCYMNUS. *Kugelman.*
    Frontalis. *Fab.*   Metz. Assez commun.
    Fasciatus. *Fourc.*   Bitche.
RHIZOBIUS. *Stephens.*
    Litura. *Fab.*   Metz.

SUPPLÉMENT A LA PREMIÈRE PARTIE.

Depuis la publication de la première partie du catalogue des coléoptères des environs de Metz, des recherches entomologiques plus fréquentes et mieux dirigées ont enrichi notre faune d'un assez grand nombre d'espèces dont quelques-unes n'étaient pas connues.

M. Gaubil a exploré les environs de Bitche, de Marsal et de Phalsbourg, où il a découvert le *Carabus nodulosus* et deux belles espèces nouvelles d'Elaterides (*Ampedus pini* et *Diacanthus montanus*).

M. Leprieur s'est surtout occupé des hydrocanthares, et nous lui devons la connaissance de plusieurs espèces rares dans les collections.

Notre infortuné collaborateur Fournel et moi avons surtout dirigé nos recherches sur les brachélytres, et dans le supplément que nous donnons on verra que nous avons été assez heureux dans nos chasses entomologiques. M. Chevrolat a bien voulu en examiner le produit, et, en nous adressant la nomenclature des espèces, il nous en a signalé plusieurs qui peut-être sont nouvelles (trois *Homalota*, un *Philonthus*, deux *Stenus* et plusieurs CLAVICORNES). Si nous ne donnons pas la description de ces espèces, c'est que nous n'attachons aucune importance à ces sortes de publications qui n'ont que

8

trop souvent pour résultat la création d'espèces nominales et
d'embrouiller la synonimie. Nous tenons ces espèces et toutes
celles inédites de notre collection à la disposition des amateurs qui voudraient publier une monographie ou une faune
locale.

Je regrette beaucoup de ne pas avoir eu connaissance des
monographies de M. Erichson sur les *MALACHODERMES* et les
CLAVICORNES, lors de l'impression de notre première partie,
forcés d'admettre pour ces familles la nomenclature du catalogue Dejean, il a fallu laisser aussi les *XYLOPHAGES* à la place
où Latreille les avait mis, et y comprendre plusieurs genres
qui ne doivent plus y figurer (*Latridius, Corticaria, etc.*). Ces
trois familles (*MALACHODERMES, CLAVICORNES, XYLOPHAGES*)
sont donc à revoir complètement. Les *ÉROTYLIENS* ont été
séparés des *CHRYSOMELINES* et devront aussi être rapprochés des
CLAVICORNES. Les *TRIMÈRES* ne sont représentés que par un
petit nombre d'espèces qui devra augmenter considérablement
par la suite. Pour ne pas trop multiplier les coupes de premier
et de deuxième ordre, j'ai conservé la division de Latreille
en admettant toutefois les genres créés par M. Mulsant, dans
la monographie qu'il vient de publier.

Malgré les nombreux catalogues que nous avons eus à notre
disposition en 1845, le nombre des espèces à ajouter à la
première partie dépasse encore la centaine. Les lacunes à
combler dans la deuxième partie seront encore plus consi-
dérables, car j'ai été réduit à ma collection et à quelques
notes de MM. Gaubil et Leprieur. Je possède plusieurs espèces innommées, et j'en ai vu un plus grand nombre dans
plusieurs collections de nos jeunes amateurs.

Si on observe que plusieurs points du département ont à
peine été explorés entomologiquement, que les moyens de se
procurer des insectes augmentent et se perfectionnent chaque

jour, que les excellentes monographies de M. Mulsant popu-
larisent la science et rendent la détermination des espèces plus
facile et plus certaine. On sera convaincu que le chiffre de
2378 est loin de représenter, pour les coléoptères, la richesse
entomologique de nos environs.

Avant de terminer, j'ai besoin d'exprimer toute ma reconnaissance pour les amateurs qui ont bien voulu me commu-
niquer quelques renseignements et m'aider de leurs conseils.
MM. Aubé, Chevrolat, Gaubil, Guénau-d'Aumont, Leprieur
et de Saint-Florent voudront bien agréer mes très-sincères
remerciments. A tous les entomologistes, je demanderai l'in-
dulgence que mérite un début entomologique et recevrai avec
reconnaissance toutes les communications que l'on voudra bien
m'adresser. La deuxième partie pour laquelle j'ai été privé des
excellents conseils du professeur Fournel, devra certainement
laisser le plus à désirer.

Enfin je termine ce supplément en rectifiant quelques erreurs synonimiques qui m'ont été communiquées par M. Aubé,
ou suggérées par mes propres observations.

CARABIQUES *.

CYMINDIS (*Tarus*). Homagrica. *Dufsch.* Metz. T. R. Nancy.
lineatus. Schœnh.   Id.   Id.

DROMIUS marginellus. *Fab.*	Bitche. Sous les écorces.
LEBIA quadrimaculata. *Dej.*	Briey.
CARABUS nodulosus. *Fab.*	Phalsbourg. En automne.
CALOSOMA indagator. *Fab.*	Nancy. Très-rare.
NOTIOPHILUS palustris. *Sturm.*	Metz. [les bois.]
LICINUS Hoffmanseggii. *Panz.*	Pont-à-Mousson. T. R. Dans

* Les genres marqués d'un astérisque sont ceux qui ne figurent pas
dans la première partie.

BADISTER cephalotes. *Dej.*   Briey.
OLISTHOPUS. Sturmii. *Duftsch.*   Metz. Rare.
AMARA (*Leiocnemis*) eximia. *Dej.* Vosges.
ANISODACTYLUS virens. *Dej.*   Metz. Rare.
TRECHUS minutus. *Fab.*   Phalsbourg.
LEJA pygmea. *Fab.*   Dieuze. Dans la vase.
    Sturmii. *Panz.*   Dieuze. Rare.

HYDROCANTHARES.

HALIPLUS cinereus. *Aub.*   Dieuze. Très-rare.
CYMATOPTERUS striatus. *Linn.*   Metz.
COLYMBETES uliginosus. *Linn.*   Dieuze. Très-rare.
NOTERUS capricornis. *Herbst.*   Dieuze.
HYDROPORUS lineellus. *Gyll.*   Metz. Rare.
    assimilis. *Payk.*   *Id.*
    ovatus. *Sturm.*   Vosges (Darney).
    frater. *Kunze.*   *Id.* Gérarmer.
    deplanatus. *Gyll.*   Metz. Forbach.
    incertus. *Dej.*   Dieuze.

BRACHÉLYTRES.

AUTALIA rivularis. *Grav.*   Dieuze.
MYRMEDONIA lugens. *Grav.*   Metz. (Écuries.)
FALAGRIA sulcatula. *Grav.*   *Id.*
BOLITOCHARA lucida. *Grav.*   Briey.
* CALODERA. *Mannerheim.*
    Nigrita. *Mann.*   Metz.
    Umbrosa. *Erichs.*   *Id.*
TACHYUSA constricta. *Erichs.*   Metz. Sous les détritus.
    immunita. *Erichs.*   *Id.*   *Id.*
    umbratica. *Erichs.*   *Id.*   *Id.*
HOMALOTA analis. *Grav.*   Briey.   *Id.*
    æquata. *Erichs.*   Metz.   *Id.*

OXYPODA obscura. *Erichs.*   Metz.
    longiuscula. *Grav.*   *Id.*
    formiceticola. *Mark.*   Phalsbourg.
    exigua. *Erischs.*   *Id.*
ALEOCHARA pulla. *Gyll.*   Briey.
    morion. *Grav.*   *Id.*
GYROPHENA gentilis. *Erichs.* Briey.
    affinis. *Salb.*   Pont-à-Mousson. Rare.
    polita. *Grav.*   Briey.
    boleti. *Linn.*   Metz.
    pygmea. *Sturm.*   Pont-à-Mousson.
ERYUSA acuminata. *Mark.*   Metz.
LOMECHUSA strumosa. *Fab.*   Bitche.
GYMNUSA laticollis. *Erichs.*   Sous les détritus de la Moselle
CONURUS lividus. *Erichs.*   Briey.
TACHYPORUS solutus. *Erichs.* Détritus de la Moselle.
    tersus. *Erichs.*   Sous la mousse.
    humerosus. *Knoch.*   *Id.*
    ruficollis. *Grav.*   Sous les détritus.
    pulchellus. *Mark.*   *Id.*
BOLETOBIUS 3 - maculatus. *Fab.* Briey.
MYCETOPORUS lepidus. *Grav.*   *Id.*
XANTHOLINUS elegans. *Oliv.*   Metz. Sous les détritus.
    ochraceus. *Grav.*   *Id.*
STAPHYLINUS fulvipes. *Scop.*   *Id.*
OCYPUS picipes. *Nordm.*   Briey.
PHILONTHUS cephalotes. *Erichs.* Bords de la Moselle.
    scutatus. *Erichs.*   *Id.*   Rare.
QUEDIUS variabilis. *Chevr.*   *Id.*
    boops. *Grav.*   *Id.*
OXYPORUS maxillosus. *Fab.*   Vosges.
LITHOCHARIS obsoleta. *Nordm.* Bitche.

STILICUS subtilis. *Erichs.*   Metz.

STENUS bipunctatus. *Erichs.*   Sur le butomus umbellatus.

    aterrimus. *Erichs.*   Sur les prêles.

BLEDIUS crassicollis. *Boisd.*   Sous les détritus.

TROGOPHLOEUS exiguus. *Erichs.*   Metz.

OMALIUM pusillum. *Grav.*   Metz.

STERNOXES.

AGRILUS fagi. *Ratzb.*   Dieuze. Assez rare.

ATHOUS analis (*hœmorrhoidalis var.?*) Metz.

CARDIOPHORUS exaratus. *Dej.*   Briey. Dans les bois.

AMPEDUS pini. *Gaubil. N. sp.?*   Phalsbourg.

CRYPTOHYPNUS riparius. *Fab.*   Verdun. Rare.

    minutissimus. *Peir.*   Metz ; très-rare. Vosges.

LUDIUS (*diacanthus*) montanus. *Chevr.* Phalsbourg. N. sp.

ADRASTUS 4 – maculatus. *Fab.*   Bitche.

    Pusillus. *Ziegl.*   Verdun.

MALACODERMES.

ELODES deflexicollis. *Mull.*   Metz. Sur les plantes aquatiq.

DYCTYOPTERUS minutus. *Fab.*   Verdun.

TELEPHORUS tristis. *Fab.*   Metz.

    atrata. *Dej.*   Verdun.

MALTHINUS nigricollis. *Dej.*   Metz. Sur les haies. Rare.

MALACHIUS ruficollis. *Fab.*   *Id.*

TÉRÉDILES.

PTINUS quercus. *Gyll.*   Bitche.

CLAVICORNES.

CATOPS anisotomoides. *Spc.*   Dieuze.

    brunneus. *Kung.*   *Id.*   [saules.]

PELTIS oblonga. *Linn.*   Dieuze ; R. Dans les vieux

CERCUS sambuci. *Erichs.*   Rare.
     fulvipes. *Erichs.*   Briey.
BYRRHUS arcuatus. *Zenz.*   Pont-à-Mousson.
ELMIS canaliculatus. *Gyll.*   Metz. Dans les eaux.
     parallelipipidus. *Mull.*   *Id.*   *Id.*
     obscurus. *Mull.*   *Id.*   *Id.*

PALPICORNES.

HELOPHORUS grandis. *Illiger.*   Metz. Dans la Seille.
* LIMNEBIUS. *Leach.*
     Truncatellus. *Payk.*   Metz. Fossés de la ville.
CERCYON centromaculatum. *Muls.* Mousse humide.

LAMELLICORNES.

ONITICELLUS pallipes. *Fab.*   Metz. Très-rare.
HOPLIA squamosa. *Fab.*   Pont-à-Mousson.

A corriger.

HOMALOTA fulvipes. *Erichs.*   *Mis pour* H. flavipes.

CAMPYLUS linearis.   } J'ai encore pris ces deux espèces ac-
— mesomelas.   } couplées.

SERICOSOMUS fugax.   } On trouve tous les passages de l'une à
— brunneus.   } l'autre de ces deux espèces que M. Aubè a trouvé accouplées ainsi que moi.

ANOBIUM striatum.   } Ces deux espèces ne doivent-elles pas
— pertinax.   } être réunies?

SCYDMÆNUS Illigeri. *Lisez* : S. hirticollis. *Illiger.*
— Geoffroyi. *Dej. Lisez* : rufus. *Muller* et *Kunze.*

RÉCAPITULATION GÉNÉRALE.

		Genres.		Espèces.	
	Carabiques.....	62		273	
	Hydrocanthares.	20		287	
	Brachélytres. ..	58		71	
	Psélaphiens....	8		14	
	Sternoxes.	28		99	
PENTAMÈRES.	Malachodermes.	15	319	72	1223
	Térédiles......	18		53	
	Clavicornes....	43		198	
	Palpicornes....	19		49	
	Lamellicornes. .	48		107	
	Mélasomes.....	6		8	
	Taxicornes....	5		10	
	Ténébrionites...	4		5	
HÉTÉROMÈRES.	Hélopiens.	3	34	12	84
	Trachélides....	6		26	
	Vésicants......	5		10	
	Sténélytres. ...	5		13	
	Curculionites. .	88		469	
	Xylophages....	36		106	
TÉTRAMÈRES..	Longicornes...	39	219	98	936
	Phytophages...	46		226	
	Erotyliens.....	10		57	
TRIMÈRES.		19	19	29	29

TOTAL...	591	TOTAL.	2272
Supplément.....	1		106
	592		2378

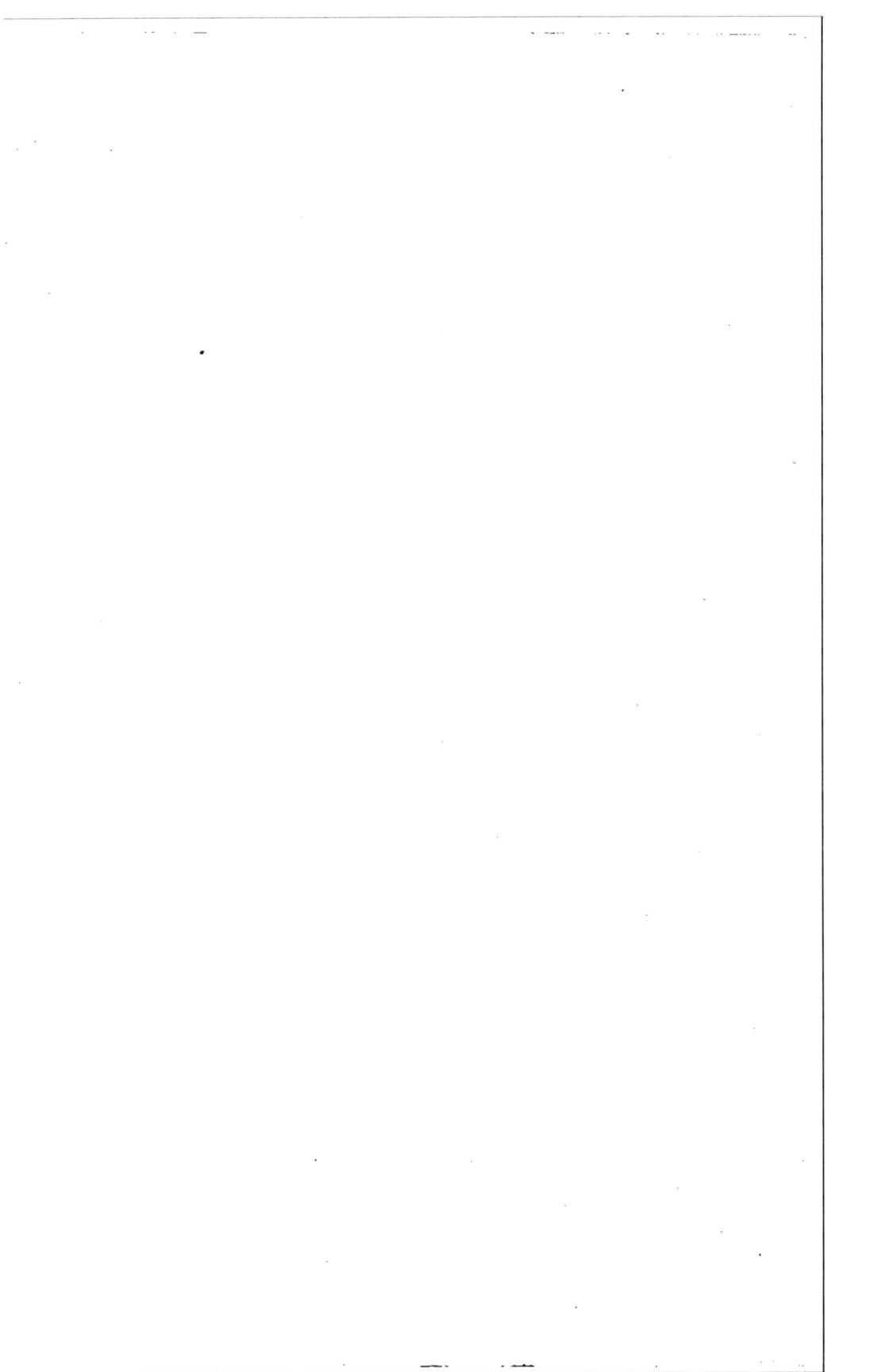

www.ingramcontent.com/pod-product-compliance
Lightning Source LLC
Chambersburg PA
CBHW071051090426

42737CB00013B/2316